**Der Fußball steht nicht still.
Nichts auf der Welt ist beständig.**

*Josef Posipal, rechter Verteidiger
der Weltmeisterschaftself 1954*

Versuche im Erweitern nackter Worte

A

der **Ausputzer** der **Aufbauer**
der **Abpraller** der **Aufreißer**
der **Abklatscher** der **Abstauber**
der **Abtropfer** der **Aufsetzer**
der **Aufsteiger.**

der **Schnitzer** die
Mauer die **Gasse**
der **Hammer** der
Drücker die **Lücke**
der **Kasten.**

B

Nach dem Schnitzer des Ausputzers hob der Aufbauer den Abpraller über die Mauer in die Gasse wo der Aufreißer mit dem Hammer am Drücker war und den Abklatscher in die Lücke gab wo der Abstauber den Abtropfer nahm und als Aufsetzer in den Kasten des Aufsteigers setzte.

C

Nach dem groben Schnitzer des knallharten Ausputzers hob der fleißige Aufbauer den harmlosen Abpraller über die wankende Mauer in die geöffnete Gasse, wo der gefährliche Aufreißer mit dem linken Hammer plötzlich am Drücker war und den kurzen Abklatscher in die entstandene Lücke gab, wo der hungrige Abstauber den abgefälschten Abtropfer aufnahm und als tückischen Aufsetzer in den leeren Kasten des abstiegsverdächtigen Aufsteigers setzte.

D

Am Ende der zweiten Halbzeit, nach dem groben Schnitzer des knallharten, platzverweisreifen Ausputzers, hob der fleißige, unerhört spritzige Aufbauer den eigentlich harmlosen, durch den drückenden Rückenwind aber in Fahrt geratenen Abpraller über die weichgetrommelte wankende Mauer in die geöffnete Gasse, wo der inzwischen aufgerückte brandgefährliche Aufreißer mit seinem unheimlich harten linken Hammer plötzlich am Drücker war, seinen Schatten abschüttelte, einen Stangenschuß ansetzte, das zurückspringende Leder aus der Luft nahm und im nächsten Moment direkt auf den Mann schoß, den kurzen Abklatscher vor den atemlosen Rängen in die entstandene Lücke gab, wo der frisch hereingekommene hungrige Abstauber den Braten roch, sich das Leder angelte, an die Latte nagelte, dann den von einem gegnerischen Bein abgefälschten Abtropfer eiskalt aufnahm, und die Kugel als tückischen vielumjubelten Aufsetzer kurz vor Schluß in den leeren Kasten des insgesamt enttäuschenden abstiegsverdächtigen Aufsteigers setzte.

Zitate 1

Ich bin, so wie es ist, zufrieden.	*Franz Beckenbauer, Abwehrspieler*
Gesund bin ich, in Ordnung ist alles.	*Willi Schulz, Abwehrspieler*
Ich fühle mich mächtig in Schuß.	*Gerd Müller, Stürmer*
Nun lege ich los.	*Jürgen Grabowski, Stürmer*
Es stimmt, ich fühle mich wohl.	*Helmut Haller, Mittelfeldspieler*
Mir gehts gut, danke.	*Wolfgang Overath, Mittelfeldspieler*
Ich bin ein anderer.	*Reinhard Libuda, Stürmer*
Wir werden schon sehen.	*Bernd Patzke, Abwehrspieler*
Ich will.	*Wolfgang Weber, Abwehrspieler*
Es hat keinen Zweck, ich kann überhaupt nicht laufen.	*Uwe Seeler, Stürmer*
Ich kann laufen und gehen, aber nicht schießen.	*Siegfried Held, Stürmer*
Ich kann weder singen noch tanzen.	*Günter Netzer, Mittelfeldspieler*
Ich kann nicht einmal richtig sitzen.	*Peter Grosser, Stürmer*
Ja, was soll man da sagen.	*Max Merkel, Trainer*

Alles auf einen Blick

Auf diesen Moment hatten wir lange gewartet, nun war es endlich soweit, die ganz in Weiß spielenden Platzherren erschienen, die unheimlich schnell daherkommenden Rothosen liefen ein, die hungrigen Kohlenpott-Giganten, die Klopfertruppe vom Betzenberg, die Adlerträger vom Riederwald, mit Huberts, dem Gentleman-Ausputzer und Kettenhund Wirth, die Sechsundneunziger kamen, die Sechziger, jetzt kamen sie alle, die Dogge Dausmann, die Wühlmaus Stiller, Moskito Vogts, Eisenfuß Menne, der Brecher Wüst, der Rammer Heese, der Meißel Gress, der Stoßkeil Lotz, Popp, der knallharte Stopper, Feuerfuß Müller, Rumor, der dynamische Fuchs, Netzer der Gipser, der schillernde Schmidt, der wirbelnde Wild, der stampfende Roth, der humpelnde Held, Zaczyk, der Notrechtsaußen, Sieloff der Kurbler, der Prellbock Breitner, der Stahlmensch Kurbjuhn, Raketen-Rausch, Aufräumer Hentschel, Rühl, der fleißige Wühler, Horr, der linke Verbinder, Alt-Putzer Lutz als Vorstopper, das Rätsel Gecks, Dampfmacher Bechtold, Sturmquirl Weist, Hölzenbein, der unheimliche Schneißenschläger, Gerwien, der unwiderstehliche Lückenreißer, Blusch, der Schwager-Ersatz, Kik und Kaack, Thielen und Thelen, Ripp und Rupp, Kartoffel Weber, Pudding Witt, Ettmayer, die Tiroler Kanone, Ratte Sandmann, Sprotte Sühnholz, Mücke Pirrung, der emsige Wenzel, Rehagel, der eiserne Otto, Müller, der Killer mit den sanften Füßen, Nickel, immer mit einem Tor auf dem Fuß, Parits, der Unruhestifter, Hermandung, der für sein Leben gern wie um sein Leben rennt, die Mittelfeldzwerge Knoth und Braun, Rohrbach, der große Renner mit dem Riesenradius, der eiskalte Brei, von diesem Brei wird man noch hören, Ente Lippens, immer für eine bis an den Rand gefüllte Pfanne Bratkartoffeln zu haben, der knüppelharte Gastarbeiter Pavlic, Pirkner, das große Fragezeichen, Kirsch, die harte Nuß, Starek im Gehgips auf der Tribüne, achselzuckend, Willi Schulz, der sich noch etwas krümmt, aber ein harter Mann, der Westfale, Riegelrudi, der Retter, der sich die Haare rauft, winterlich ausgerüstet, Zebec, der Mann, der selten lacht, lachend der kopfschüttelnde Binder, weiß Gott kein Unbekannter, nun war es soweit, ein Ruck ging durch die tragischen Gestalten im lehmverschmierten Trikot und damit genug für heute.

Stehen Gehen

aber kaum hatte es angefangen, da war man erstaunt darüber, Rupp in der Mitte zu sehen und Rühl auf der rechten Seite, keiner wußte eine Erklärung dafür, warum Gecks diesmal hinten stand und Koch an der Stelle, wo man eigentlich Kraft erwartet hatte, wenigstens Lutz war auf seinem Stammplatz zu finden, dafür suchte man Horr vorn vergebens, er hatte den Platz mit Brungs getauscht und stand in der zweiten Reihe, neben Witt, hinter Maas, vor Olk, der an diesem Tag auf Pumms Platz stand, allerdings bald auf die andere Seite ging und Held nach links ließ, damit Sturm aus der Mitte kommen konnte; daß das nicht klappte, lag nicht an Kik, dem Kaack ständig folgte, sondern an Rühl, der nicht an Popp vorbeikam und deshalb Löhr Platz machen mußte, Gress tauchte plötzlich vor Kleff auf, doch nun ging Lutz zurück, Kalb in die Mitte, Koch wich nach rechts aus, Brungs zwängte sich zwischen Moll und Dulz, Held ging nach vorn, und als Wüst hinter Horr auftauchte, wußte Maas nicht wohin, links ging jetzt Ohm vorbei, Rupp kam um Pumm herum, aber keiner war mitgelaufen, alles drängte zu sehr in die Mitte, Manglitz stand falsch, aber Wolter stand richtig, ohne ihn stünden die Gäste nicht da, wo sie stehen.

Mauer

Farben

rotes Hemd rote Hose rote Stutzen
rotes Hemd rote Hose weiße Stutzen
rotes Hemd schwarze Hose schwarze Stutzen
blaues Hemd blaue Hose weiße Stutzen
gelbes Hemd blaue Hose gelbe Stutzen
grünes Hemd grüne Hose grüne Stutzen
grünes Hemd weiße Hose schwarze Stutzen
schwarzes Hemd weiße Hose schwarze Stutzen
blaues Hemd weiße Hose blau-weiße Stutzen
weißes Hemd grüne Hose grün-weiße Stutzen
gelbes Hemd schwarze Hose schwarz-gelb geringelte Stutzen
rot-weißes Hemd weiße Hose weiße Stutzen
rot-weiß gestreiftes Hemd schwarze Hose schwarz-gelbe Stutzen
blau-weiß quergestreiftes Hemd weiße Hose weiße Stutzen
rotes Hemd mit weißem Brustring schwarze Hose schwarze Stutzen
weißes Hemd mit rotem Brustring rote Hose rote Stutzen
oder ganz in Weiß

Handschuhe

Guten Tag meine Damen und Herren, heute beschäftigt uns die Frage, was unsere drei Mexiko-Torhüter tragen, wenn sie das Leder aus der Luft pflücken oder aus den Ecken fischen, Mütze und Pullover, das wissen wir, das ist klar, darüber brauchen wir kein Wort zu verlieren, aber was tragen sie an den Händen? Jawohl. Handschuhe. Handschuhe mit Noppengummi bei trokkenem Wetter, Handschuhe mit Frottierhandfläche bei nasser Witterung. Die Handschuhe sind immer dabei, sagen sie wie aus einem Munde. **Ohne Handschuhe bin ich nackt,** sagt Sepp Maier, **ohne Handschuhe fühle ich mich nicht wohl,** sagt Horst Wolter, und was sagt Manfred Manglitz? **ohne Handschuhe, das gibts nicht, die gehören zu meinem Körper wie die Nase.** Ein Blick auf die Riesenhände des nüchternen Schlußmanns sagt alles. Die linke Hand: Kapselriß am Daumen, am Ringfinger, am kleinen Finger. Die rechte Hand: Kapselriß am Daumen, am Ringfinger, am kleinen Finger, zweimal am Zeigefinger und am Mittelfinger. Dieser Mann kann sowieso nicht mehr ohne Handschuhe leben. Und nun wie immer weiter mit Musik.

Unsicherheiten beim Hinauslaufen

Oberbekleidung

Heidkamp trägt einen langen Mantel und winkt mit dem Schlapphut. Der Kleiderschrank platzt bald. Er ist zu klein. Torjäger Vogt steckt seine langen Beine, mit denen er sich an die Spitze gebombt hat, in hochmodische taubenblaue Hosen mit Strukturgewebe. Auf dem Fußballplatz friert Gerd Müller nie. Für kalte Tage aber, wenn der Wind durch Bayern weht, sorgt er vor. Er schützt sich vor den Unbilden der Witterung mit einem Ledermantel. Wenn es sein muß, trägt Franz Beckenbauer auch eine Samtjacke mit Fliege, man sieht es. Am liebsten schlüpft er in Kombinationen. »Mein Mann verdient nicht so viel wie Herr Beckenbauer«, lächelt Frau Brungs, Frau des quicklebendigen Stürmers. Immerhin nennt Goldköpfchen Brungs 10 Anzüge sein eigen, eng geschnitten, leicht auf Taille gearbeitet. Reinhard Libuda bringt von überallher ein Hemd mit, in allen Farben, in allen Mustern. Wolfgang Overath aus Köln kommt mit seinen 30 Anzügen kaum aus. Sein Freund Netzer liebt es bequem, er trägt auffallend weiten Hosenschlag, sportliche Hemden, einfarbige Pullover. Er weiß, wie man praktisch lebt. Einer weiß es noch besser: Atze Friedrich aus Kaiserslautern. Zwei Schlitze am Rücken, aber keine Watte auf den Schultern, die Hosen dürfen ruhig auf den Schuhen etwas einknicken, Krawatten breit und bunt.

Und nun, meine Damen, bleiben Sie mal ein bißchen länger im Stadion, wenn Sie schon da sind. Warten Sie mal, bis die Stars frisch geduscht aus den Kabinen kommen, vielleicht entdecken Sie Heidkamp mit dem Schlapphut, Vogt in den taubenblauen Hosen, Müller mit dem Ledermantel, Beckenbauer mit der Fliege, Brungs in einem seiner zehn Anzüge, eng geschnitten, Libuda mit einem neuen Hemd, Overath im italienischen Sakko, Netzer mit dem schwarzen Pullover oder Friedrich mit zwei Schlitzen am Rücken.

Zitate 2

Ich werde einen Torrekord aufstellen, der in die Geschichte eingeht.	*Gerd Müller, Stürmer*
Burschn, hauts eini!	*Gustav Starek, Mittelfeldspieler*
Hast des gsehn, wie der Ball kumma is?	*Sepp Maier, Torhüter*
Männer, die putze mer weg!	*Fritz Walter, Stürmer*
Auf eigenem Boden beißen wir sie alle.	*Werner Kik, Abwehrspieler*
Wenn ich vorn reingekonnt hätte, wäre vielleicht noch was drin gewesen.	*Erich Beer, Mittelfeldspieler*
Sobald der Ball in der Luft ist, muß man sich entschieden haben.	*Uwe Seeler, Stürmer*
Wenns rollt, dann hörts nimma uff zu rolle. Wenns erst abgeschnitte is, dann rollts auch nimma.	*Lorenz Horr, Stürmer*
Offenbach hätte dreinull gewonnen, wenn ich nicht ein Papstbild in der Tasche gehabt hätte.	*Norbert Nigbur, Torhüter*
Wenn ich Vogt sein linkes Bein wegnehme, fällt er einfach um, weil kein rechtes Bein da ist.	*Gyula Lorant, Trainer*
Ich weiß, wie knallhart jeder Brocken ist, der auf uns zukommt.	*Adi Preißler, Trainer*
Dazu möchte ich im Moment nichts sagen.	*Max Merkel, Trainer*

Der letzte Biß

Eine halbe Stunde war vergangen. Im düsteren Schneeregen war nichts passiert. Ein lustloses Geschiebe auf klebrigem Boden. Es wollte nicht klappen. Der Dicke rackerte, aber er fand keine Lücke, er stand nicht richtig, Lotte langte kurz hin, aber schaffte es nicht, er blieb hängen, eingeklemmt von mehreren Beinen. Das ging eine Weile so weiter. Paul nahm die Hand zu Hilfe. Lutz stocherte unter der Dunstdecke auf der anderen Seite herum. Keiner traute sich. Keiner biß zu. Keiner wußte, wie es gemacht wird. Das Feuer fehlte. Aber plötzlich machte sich Emma frei auf diesem schlüpfrigen Boden, das war eine gute Gelegenheit, also fackelte Friedrich nicht lange und schob ihn gemächlich hinein. Emma bot sich noch einmal an, da war Paul nicht mehr zu halten, Emma wurde gelegt, und Paul bohrte unermüdlich. Jetzt kam auch der Dicke durch, vorne war alles offen, Lutz war eingedrungen, er hatte endlich das Loch gefunden, denn Hertha zeigte auf einmal erschreckende Blößen, Emma wälzte sich auf der Linie im Schlamm, doch in diesem Moment befreite sich Hertha aus der Umklammerung, Lotte schüttelte Friedrich ab, Emma zog sich zurück, aber der Dicke stieß nach in die Tiefe, die unerhört schnellen Mönche hetzten die blauweiße Hertha über den Rasen bis ihre Abwehr erschlaffte, sie drückten und drückten, zweimal rutschte Bernard das glitschige nasse Ding aus den Händen, schon sprang Friedrich dazu und schob ihn lächelnd hinein in die untere Hälfte, als er das klaffende Loch sah, preßte er ihn mit unheimlicher Wucht hinein, stocktrocken, jetzt stand er richtig, Lutz ließ nicht locker, der Dicke ackerte wie verrückt, er war voll bei der Sache, der wuchtige Mann, und Paul bediente Emma mit einer Kerze. Sie prallten schwingend zusammen, die Männer mit den schwarzen Handschuhen, sie arbeiteten lautlos in schwarzen Strumpfhosen im fahlen Flutlicht. Hertha wehrte noch einmal ab, aber es nützte nichts mehr, die Mönche rissen sie in der Mitte auf, Lutz spritzte schnell in die Lücke und drückte ab, von einem Aufstöhnen begleitet. Jetzt lief es endlich, da jubeln die

Glocken von Rio, jetzt lief es wie selten, der Betzenberg bebte, jetzt lief es so gut wie schon lange nicht mehr, Fritz hatte die Pfeife schon in der Hand, er ließ es weiterlaufen, ein letztes Aufbäumen, und im Liegen vollendet der Dicke mit einem Rückzieher. Das war das Ende auf dem zerwühlten Rasen. Emma schleppte sich mit bespritztem Trikot in die Kabine, Oberschenkel und Hände verklebt. Lotte krümmte sich noch und hielt sich die blutigen Schenkel. Was mit Hertha war, konnte keiner mehr sagen. Ein Aufschrei zerfetzte die Flutlichtatmosphäre.

Hinweise*

Emma	Lothar Emmerich, Stürmer, Borussia Dortmund, (jetzt AC Beerschot, Belgien), 29, 178, 84 kg.
Lotte	Lothar Ulsaß, Stürmer, Eintracht Braunschweig, 29, 178, 78 kg.
Hertha	Hertha BSC Berlin, gegründet 25. 7. 1892, Mitglieder 1600.
Der Dicke	Uwe Seeler, Stürmer, HSV, 33, 169, 76 kg.
Friedrich	Jürgen Friedrich, Mittelfeldspieler, 1. FC Kaiserslautern, 26, 176, 73 kg.
Lutz	Friedel Lutz, Verteidiger, Eintracht Frankfurt, 32, 178, 70 kg.
Paul	Wolfgang Paul, Verteidiger, Borussia Dortmund, 30, 186, 86 kg.
Bernard	Günter Bernard, Torwart, Werder Bremen, 31, 179, 72 kg.
Die Mönche	Borussia Mönchengladbach, gegründet 1. 8. 1900, Mitglieder 1800.
Fritz	Helmut Fritz, Schiedsrichter, Ludwigshafen.
Der Betzenberg	Stadion des 1. FC Kaiserslautern, Fassungsvermögen: 35 000, 4500 Sitzplätze. Anfahrt von der Autobahnausfahrt Kaiserslautern Ost über Mainzer Straße, Barbarossaring, zum Großparkplatz Messegelände. Von da aus 10 Minuten Fußweg. Vom Hauptbahnhof aus über Eisenbahnstraße, Viadukt zum Stadion.

* Die Hinweise beziehen sich auf das Entstehungsjahr des Textes: 1970

Wabras Ende

In den ersten Minuten passierte gar nichts, ein matter Anfang bei schwülem Wetter, weit und breit war keiner zu sehen, aber man spürte, daß etwas in der Luft lag. Plötzlich Pfiffe von draußen. Niemand wußte, wie das gemeint war. Wieder pfiff es. Da kam Beer kalt herein. Jetzt pfiff es wieder. Nummer 9 kam, doch es geschah immer noch nichts. Fünfzehn Minuten verstrichen. M, der Mann mit der Peitsche, saß fest auf dem Stuhl. Es bot sich das Bild eines ruhig rauchenden Mannes, der vom Abwarten sprach. Abwarten, sagte M und stieß den Rauch aus. Von Angst war keine Rede. Sorgen gab es nicht. Wie soll es nun weitergehen? fragte man. Viele Fragezeichen. Alles war offen in diesem Moment. M, der Mann mit der Peitsche, sagte: abwarten. Und wo bleibt Küppers? wurde gefragt. Volkert wurde vermißt. Auch von Strehl sähe man nichts. Es pfiff noch einmal. Abwarten. Der Mann mit der Peitsche saß fest auf dem Stuhl.

Plötzlich bewegte sich etwas. Im trüben Licht huschte Schämer vorbei, der Mann mit Druck auf dem Stiefel, Huberts stürzte hinein in den leeren Raum und riß schon die Arme hoch, jetzt erschien Lotz mit seinem Verfolger, Grabowski tauchte plötzlich vor Wabra auf, aber der ließ sich nicht erschrecken. Vorn lauerte Nummer 9 und schlug blitzschnell zu. M lächelte. Heute bin ich zufrieden, sagte der Mann mit der Peitsche, da kam schon der zweite Schlag. Wabra flog durch die Luft in die Ecke, der Unheimliche mit seinem furchtbaren Fuß drosch einfach drauf, da nahm Wabra die Fäuste, zwei trockene Schläge, Lotz rutschte aus auf dem glatten Parkett, Grabowski befreite sich aus der Umklammerung, aber die Faust von Wabra war wieder zur Stelle. Herzlicher Beifall. Diesmal war M zufrieden, doch es sollte noch anders kommen.

M war zuversichtlich, aber nun geschah etwas Unerwartetes: plötzlich klingelte es. M griff sich entsetzt an den Kopf. Damit nicht genug, das war noch nicht alles, denn plötzlich klingelte es wieder. Wabra stand wie erstarrt, es knisterte jetzt, ein neuer Mann kam herein, er drehte sich kurz und schoß, er knallte einfach drauflos, aber er traf nur den Pfosten. Achtung, rief M, als Nummer 9 auftauchte, hinter Dir, Achtung! Der Schuß ging vorbei, Wabra hatte sich nicht bewegt, der nächste Schuß traf das Gebälk, es pfiff jetzt und Nummer 9 drückte kaltblütig ab, sein Schuß traf die Brust, kurz darauf feuerte Huberts, die Kugel zischte vorbei, Kraus schoß im Fallen, daneben, noch einmal daneben, er traf einfach nicht, ein Schuß nach dem andern, und schon kam die knallende Antwort, Strehls Kugel prallte am Mauerwerk ab, M rauchte nervös, sein Stuhl begann jetzt zu wackeln, Lotz hatte inzwischen seinen Verfolger ausgeschaltet und schoß aus dem Hinterhalt Wabra direkt in die Arme, Beer zögerte noch, die Frage, warum er nicht schoß, tauchte auf, warum schießt er denn nicht? fragte man, schieß doch Kerl schieß doch! rief M, sein Stuhl wackelte schon bedenklich, er schoß nicht, mein Gott, warum schießt er denn nicht? aber jetzt schoß er doch. Wir sind nicht verloren, sagte M, der Mann mit der Peitsche, noch nicht.

Das war der Moment für Bechtold, den Mann, den alle fürchteten. Er war gut aufgelegt, er war in großartiger Schußlaune, er war wirklich in Stimmung heute. Dreimal schoß er aus dem Gewühl heraus, dann verscheuchte er alle Sorgen mit einer Bombe. Wabra am Boden, überall brannte es jetzt, die Mauer war rissig, laufend mußte Leupold die Löcher stopfen, es nützte nichts mehr, die Mauer wankte und brach zusammen. Jetzt gab es nichts mehr zu lachen, jetzt pfiff es hinter der Nebelwand, jetzt schrie und zappelte es in den Maschen, es rauschte und klingelte jetzt in der Ecke, es klapperte jetzt im Kasten und krachte jetzt an den Pfosten, es pfiff jetzt und pfiff jetzt, M rauchte ganz stumm, die hämmernden Sekunden verrannen im milchigen Licht mit den blauschwarz gefärbten Spritzern, der Winter kam und fegte sie weg vom Fenster, jetzt war es genauso wie damals, es pfiff jetzt noch einmal, im übrigen pfiff es schon wieder. Das war Wabras Ende, man deckte ihn zu. Auch M, der Mann mit der Peitsche, verschwand von der Bildfläche.

Kampf

Ein Spaziergang vor dem Tor

1

An einem schönen Nachmittag ging der blasse Schwager auf dem Feld spazieren. Der Boden war hart und trocken. Die Sonne brannte. Es war ein weiter Weg bis zum Tor. Da trat der lange Feller aus dem Schatten. Er hatte sich seine Mütze aufgesetzt. Der Regen peitschte ihm ins Gesicht. Tiefe Furchen durchzogen den weichen Boden. Der dicke Müller stampfte durch den Morast. Er drehte sich einmal um. Der Wind fegte über den Berg. Da machte der Meister das Tor zu.

2

Das Feld war staubig. Die Sonne war milchig. Der matte Maas schlich draußen entlang. Der Nebel wurde noch dichter. Durch den tückischen Eisschlamm hüpfte der kleine Kurrat. Der Riese Kliemann kam an. Die Sonne brach durch die Decke. Da machte der Meister das Tor auf.

3

Plötzlich war der gefürchtete Gast vor dem Tor erschienen. Wir fürchten uns nicht vor dem Gast, sagte der Meister. Finstere Wolken zogen heran. Schon hatte der Meister den Gast gepackt und an die Wand gedrückt. Ein Stampfen und Schieben begann in der kühlen Luft. Der Meister wollte den Gast einschnüren und in die Nähe des Abgrunds stoßen. Aber der Gast stemmte sich mit aller Kraft gegen den Rutsch nach unten. Der Schnee wurde gegen das Tor geblasen. Da machte der Meister das Tor zu.

4

Der Wind war verstummt. Doch als es gegen den Pfosten schlug, verkroch sich der Meister und mußte zittern. Der Gast war plötzlich mit vier, fünf Leuten gekommen. Sie hatten den

Braten gerochen. Sie hatten den Eingang gefunden und waren eingedrungen. Der Kessel dampfte. Sie waren hungrig und bissen zu, in sprühender Laune. Wir schaffen es schon, sagten die Gäste. Sie schreckten vor nichts zurück. Sie nahmen dem Meister die Butter vom Brot. Sie langten ordentlich hin und ließen sich nichts entgehen. Sie schoben sich blitzschnell die besten Sachen zu. Für den Meister blieb nicht viel übrig. Der Kessel kochte. Doch in der dicken Suppe war nichts mehr zu sehen. Noch gab der Meister die Hoffnung nicht auf. Er kam jetzt in weißen Hosen heraus aus der Tiefe und warf alles gegen die blaurote Wand. Schnell floß es von rechts nach links. Der Boden war feucht. Jetzt zeigte sich endlich wer Herr im Haus war. Die Gäste wehrten sich schwach. Man hörte sie keuchen. Sie waren satt und müde geworden. Auf dem glitschigen Boden rutschten sie nun davon. Niemand konnte ihnen mehr helfen. Der Meister machte das Tor auf.

5

Aber es krachte nicht. Es blieb still am Berg. Im Hintergrund war der blasse Schwager versunken. Der lange Feller stand in der Ecke. Der dicke Müller lag im Gelände. Der matte Maas war verschwunden. Der Riese Kliemann war umgefallen. Der kleine Kurrat war nicht mehr zu sehen. Das Tor war weit offen in dieser eisigen Winterluft. Der Meister machte das Tor zu.

der abgestaubte ball der abgetropfte ball
der angeschnittene ball
der eingedrückte ball
der unterschätzte ball
der geschleppte
bene ball der
ball der dire
ball der
der tücki
der schwie
der ganz ruh
ball der ga
geschlagene
weich her
bende ball
lich heransch
der hinaus auf
wandernde ball
trollierte ball der
der im schlamm stecken
den kopf gezogene ball der im fallen b

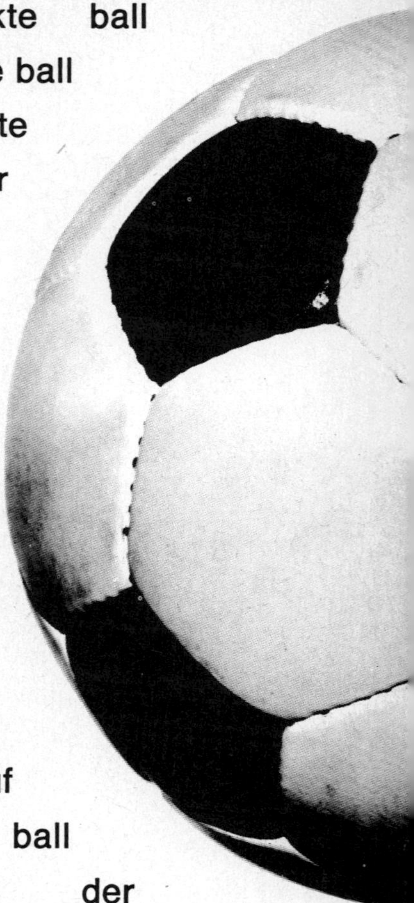

er abgefälschte ball der abgeprallte ball
der angenommene ball
der abgegebene ball
der verlorene ball
ball der gescho
herein getriebene
kt genommene
müde ball
sche ball
rige ball
ig liegende
nz weich
ball der
ein schwe
der plötz
wirrende ball
die linke seite
der schlecht kon
falsch berechnete ball
gebliebene ball der über
rabene ball der hereingeschaufelte ball

Der Ball

Frage: Ball ist also nicht gleich Ball?

Antwort: Aber wo denken Sie hin. Wie kommen Sie denn darauf. Auf keinen Fall.

Frage: Was können Sie uns also sagen zum Ball?

Antwort: Der Ball soll kugelförmig sein. Der Umfang des Balles darf nicht mehr als 71 cm und nicht weniger als 68 cm betragen. Das Gewicht des Balles bei Spielbeginn darf nicht mehr als 435 Gramm und nicht weniger als 396 Gramm betragen. Der Ball ist erst dann im Spiel, wenn er eine Strecke von der Länge seines Umfangs zurückgelegt hat.

Frage: Und was sagen Sie zum Ball, meine Herren?

Sepp Maier, Tormann: Der Ball ist griffig und liegt gut in der Hand; es ist der beste Ball der Welt.

Willi Schulz, Kopfballspezialist: Der Ball ist hart, aber nicht zu hart.

Sepp Herberger, Ex-Bundestrainer: Der Ball ist rund.

Tschik Cajkovski, Trainer: Der Ball ist eine Kartoffel.

Frage: Ball ist also nicht gleich Ball?

Antwort: Auf keinen Fall! Das sieht nur so aus.

Frage: Was sagen Sie dazu, Herr Walter?

Fritz Walter, Ehrenkapitän der deutschen Nationalmannschaft: Je leichter der Schuh, desto enger der Kontakt zum Ball. Und umso deutlicher der Unterschied zwischen Ball und Ball. Der Chef hatte ein besonders feines Gespür dafür. Er hörte schon am Klang eines aufspringenden Balles, ob er gut war oder schlecht. Klang es dumpf und hohl, dann schüttelte er den Kopf: der hat keine Seele, der ist leblos. – Wie recht er hatte, spürten wir später. Der Ball spielte nicht mit, er sang nicht, er ließ sich nicht streicheln, er war nicht Kamerad und Freund des Spielers, sondern ein Fremder.

Frage: Also können wir zusammenfassend sagen: Ball ist nicht gleich Ball. Kann man das sagen?

Antwort: Jawohl. Ja. Das kann man sagen.

Die Stunde der Wahrheit

. . . bitte, na bitte, was hab' ich gesagt, Kerle, das sind die Sachen, das sind die Dinger, jetzt aber Tempo, na bitte, wer sagt's denn, na also, was ist denn? was pfeift denn die Pflaume, Mensch, geh doch nach Hause, das ist doch, na gut, kann man machen, aber so nicht, mein Guter, der gibt doch nicht ab diese Flasche, der schläft doch, na los, geh doch hin, der geht doch nicht hin, der bleibt stehn, diese Niete, was macht er denn jetzt? jawohl, das ist besser, ja weiter los Tempo, und keiner läuft mit, was soll man da sagen, Mensch Atze du Sandmann, das ist nicht zu fassen, das darf doch nicht wahr sein, bleib dran Mann, jawoll ja, los Lothar, Hammer, Hammer, na also, aus, Einwurf, nein Ecke, ja Ecke, das ist schon mal gut, Ecke, den hat er, was, doch keine Ecke? na sag mal, der macht einen Türken, das ist doch nicht möglich, der Kerl trifft den Ball nicht, jawoll! einfach schießen, oh Mann so ein Käse, da muß er doch pfeifen, na jetzt aber Tempo, bleib dran Mann, das ist doch, das kann doch nicht wahr sein, jetzt setzt der sich hin, der sieht doch den Ball nicht, ja hat man denn sowas, das wundert mich garnicht, und keiner geht hin, das muß man sich ansehn, na los jetzt, nach außen, gib raus jetzt, jawoll ja, nach außen Mensch außen, schießen ach Scheiße, ist das eine Nummer, was macht der denn da? der hat eine Ruhe, ja, garnicht schlecht, wo sind denn die andern? wieder kein Mensch da, guckt euch das an, Hand! das war Hand, Mensch, was pfeift denn die Flasche, jetzt geht aber langsam der Knopf auf, mitlaufen Junge, denken, denken, Tempo los auf gehts, und vorne ist wiedermal Feierabend, guckt euch das an, niemand ist vorne, keiner ist da, aber jetzt mach doch liebe Zeit mach doch blind rein in den Paß entweder oder, ja, drück doch ab, hau doch drauf Mann, jawoll ja, na bitte, da ist Musik drin, da qualmen die Socken . . .

Verletzungen

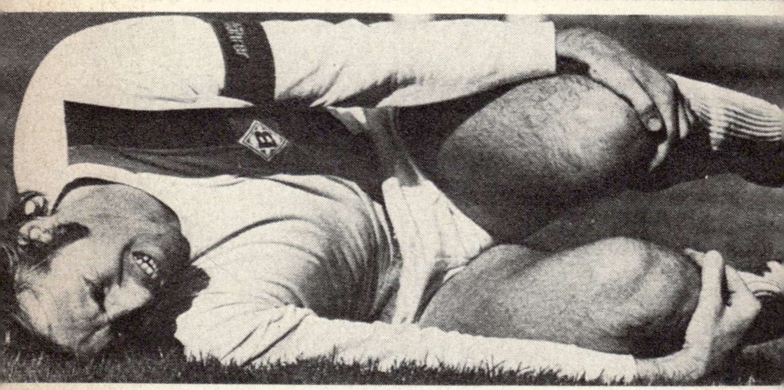

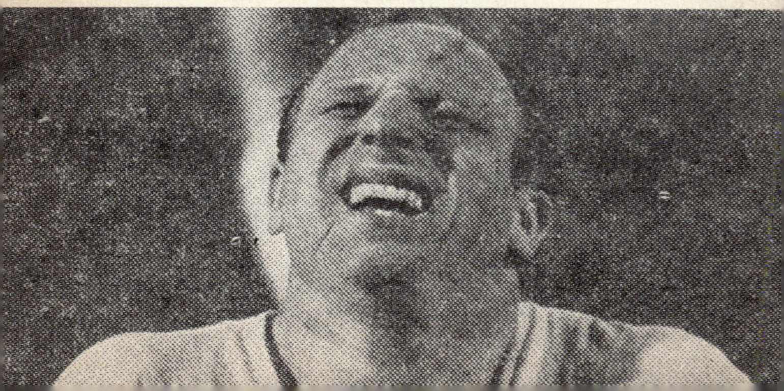

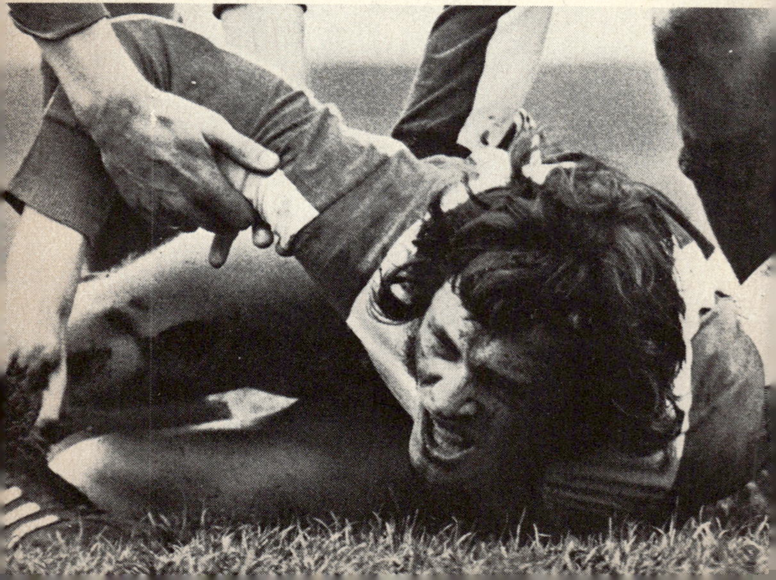

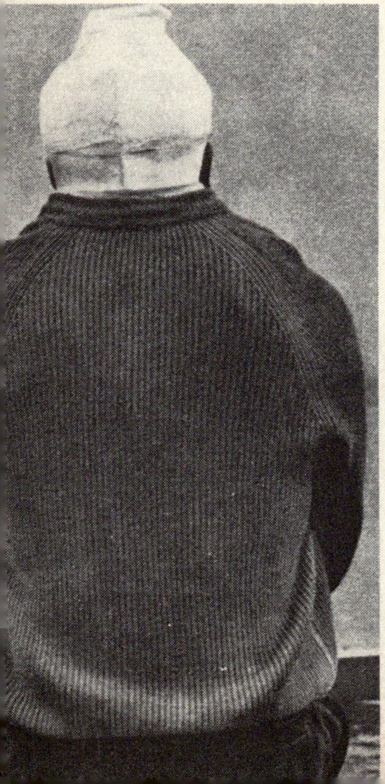

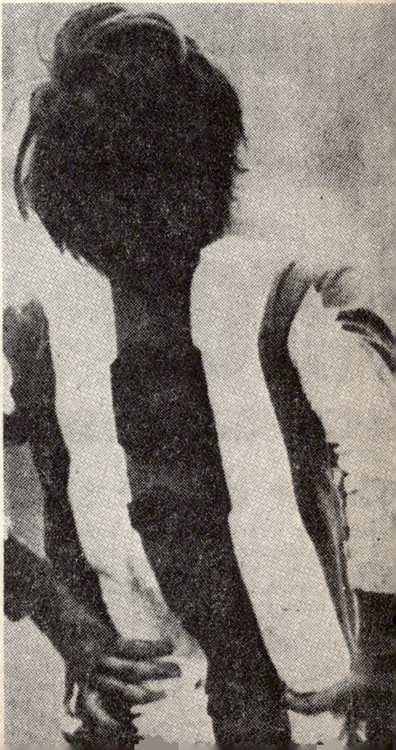

Die Türken kommen

mein Gott oh Mann ein teures Bein / im Stürzen abgefälscht vorbei / und niemand da ganz steil nach vorn / ins kurze Eck gestört geklärt / geschickt gemacht zu spät geflankt / zurück und weiter durch gestoppt / das bringt nichts ein zu steil zu breit / zurück nach vorne Doppelpaß / bleibt hängen hier im Gegenzug / mit Absatzkick erlaufen rechts / doch vorne keiner frei weil er / heraus mein Gott geschlagen ab / und eingeseift ganz ausgepumpt / umkurvt doch keinen Raum gewann / die Türken kommen jetzt von rechts / nun wird es Zeit ganz hinten Vogts / und weiter vorn die Zange zu / die Türken kommen weit vorbei / und immer noch beim Einszueins / zurück zu Heynckes ausgetauscht / für Sieloff auf den Platz geschickt / gestolpert oh gestolpert ach / gestürzt wir machen einen Sprung

wir haben einen Sprung gemacht / die Türken kommen Müller dreht / sich um in Köln Libuda streicht / ganz knapp vorbei es bleibt dabei / beim Einszueins die Türken jetzt / in Rot und Weiß jetzt kommen sie / noch fünf Minuten einszueins / die Wolken blau die Dämmerung / jetzt kommen sie noch einmal Schnitt

wir haben einen Schnitt gemacht / gestoppt gerutscht und aufgesetzt / die Fußballwelt gestaunt oh Mann / engmaschig mitgemischt und schwach / beschattet ausgebrannt und Vogts / und Fichtel schwach leicht abgetropft / Grabowski klassisch umgesenst / allein auf weiter Flur gebremst / und Weber was und Weber wo / und Weber wie Libuda so / und Overath zerreißt sich nicht / auch Beckenbauer kein Rezept / verschleppt und abgeschnallt kein Ruck / die Türken wie aus einem Guß / zurück noch mal zum ersten Tor

ein kalter Schlag beim ersten Tor / als Weber köpft anstatt sofort / dahin war Sieloffs Sicherheit / er zögert Maier bot sich an / doch Sieloff schwamm und Höttges weit / und Weber wußte nicht so recht / ganz plötzlich Kamuran ganz frei / flach abgedrückt die Sonne strahlt

Der Fußballzwerg kommt noch einmal / vier fünf Stationen einszueins / sie kommen Müller wird gefällt / von hinten böse um ganz klar / gelegt ein Türkenbein kein Pfiff / und Atem schöpfen schinden Zeit / in weißen Hosen über links / die Flügel stärker als und doch / nicht lange mehr wie lange noch?

nicht lange mehr ein schwarzer Tag / pechschwarz und auf den Bauch gestürzt / wann kommt der Pfiff da ist der Pfiff / vorbei zu Ende aus vorbei / doch nichts verloren einszueins

Nachtrag

Sepp Herberger taucht auf und sagt, daß ihm dieses Spiel keine Freude gemacht habe. Helmut Schön, der nun ebenfalls auftaucht, kann seine Enttäuschung nicht verbergen, **wir sind doch auch nicht auf der Wurschtsuppe hergeschwommen,** sagt Helmut Schön, er sagt seiner Mannschaft die passenden Worte. Wie ist das gekommen? Vogts weiß einfach nicht, wie das gekommen ist. Grabowski kapiert das auch nicht. Beckenbauer hat keine Erklärung dafür. Müller steht wirklich vor einem Rätsel. Fichtel fragt sich, wie das passieren konnte. Sieloff weiß auch nicht, was los war. Maier ist immer noch fassungslos. Overath hat übrigens die Nase voll. Libuda kann sich immer noch nicht beruhigen. Weber begreift überhaupt nichts mehr. Und alle anderen, die nun ebenfalls auftauchen, schütteln die Köpfe.

SCHÖN IST SCHULD

Ich möchte mal fragen, was Herr Schön eigentlich gegen Löhr hat, er ist doch seit Monaten nicht zu übersehen.

Warum, frage ich mich, richtet Herr Schön sein Augenmerk nicht auf Vogt, er ist doch seit Monaten unübertroffen.

Wie allgemein bekannt ist, ist Köppel zur Zeit der Beste, nur Herrn Schön ist das offensichtlich noch nicht bekannt.

Ich bin der Ansicht, daß der Beste zur Zeit nur Neuberger heißen kann, ich hoffe, Herr Schön wird das endlich berücksichtigen.

Ich kann nicht begreifen, warum Herr Schön den seit Monaten Besten, nämlich Hölzenbein, immer noch nicht berücksichtigt.

Was muß ein solcher Könner wie Horr eigentlich noch alles zeigen, um von Herrn Schön endlich bemerkt zu werden.

Wie lange muß eigentlich unser größtes Talent, Krämers, noch auf seinen Einsatz warten, das frage ich mich.

Ich meine, es ist an der Zeit, Herrn Schön endlich wieder einmal an Laumen zu erinnern. Er ist doch seit Monaten der Beste.

Auch ich möchte meine Meinung zu diesem Problem hiermit äußern. Es besteht doch kein Zweifel, daß Herr Schön seit einiger Zeit Held glatt übersehen hat, obwohl er noch immer der Beste ist.

Hoffentlich begreift Herr Schön endlich, daß Volkert, der seit Monaten der Beste ist, endlich eine Chance verdient hat. Hoffentlich begreift das Herr Schön.

Unerklärlich ist doch, daß gerade angesichts dieser Lage Herr Schön den Besten seit Monaten, nämlich Handschuh, nicht einmal in die nähere Auswahl nimmt. Das ist doch unerklärlich.

Und wann sieht Herr Schön endlich ein, daß der Beste seit Monaten Görts heißt?

Ich finde es eigentümlich, daß bei der gegenwärtigen Misere ein Name wie Walitza fehlt, hat ihn Herr Schön denn vergessen? Er ist doch inzwischen der Beste.

Das sollte man doch mal fragen, warum berücksichtigt Herr Schön nicht endlich den Besten, den wir seit Monaten haben, nämlich Cullmann
nämlich Kliemann
nämlich Rüssmann
nämlich Kapellmann
nämlich Rumor Ritschel Biskup Pirrung Simmet
Wosab Pröpper Pirsig Budde Dudda Deppe Dubski
Mumme Zewe Heese Wunder Wloka Kulik Mrosko Bründl
Stiller Lungwitz Skala Semlitsch Schwemmle Blei-
dick Zembski Lauscher Bläser
nämlich Beer Scheer Seel Fecht
Bitz Zorc Zech Lömm Miss Stürz
Brill Brei Ohm Knoth Worm Loof
Lenz Denz Peitsch Bast Theis
Kipp Kleff Kaltz Welz Mall
Jung Jung. Hat denn Herr
Schön niemals etwas von
diesen Leuten gehört?

Was muß eigentlich noch alles passieren, bevor Herr Schön das begreift. Das frage ich mich.

Hat sich Herr Schön das nur einen Moment überlegt?
Ich frage mich ernstlich, was sich Herr Schön da gedacht hat.
Was hat Herrn Schön dazu veranlaßt? In der letzten Zeit habe ich mich das oft gefragt.
Ich möchte Herrn Schön einmal empfehlen, darüber nachzudenken.
Liest denn Herr Schön keine Zeitung? Das fragt man sich unwillkürlich.
Was er da gemacht hat, schreit doch zum Himmel.
Aber Herr Schön hat das offenbar noch nicht bemerkt.
Wann kommt endlich der Zeitpunkt, wo Herr Schön einsieht, daß es so keinen Sinn hat.
Herr Schön sollte endlich eine vernünftige Entscheidung treffen.
Denn das müßte Herr Schön doch inzwischen klar geworden sein.
Denn was sich Herr Schön leistet, ist doch der Höhepunkt.
Die Maßnahmen von Herrn Schön haben doch keinen anderen Erfolg, als den, daß aus Spielern Nullen werden.
Ich frage mich also, der Herr hat wohl vergessen... Und in Anbetracht dessen möchte ich ihm den Vorschlag machen... Denn es ist an der Zeit, Herr Schön daß wir uns endlich einmal... Ich weiß zwar nicht, was Herrn Schön zu der Ansicht bringt, aber er scheint es zu wissen... Und ich frage mich immer wieder, warum Herr Schön... Dabei komme ich zu dem Schluß, daß Herr Schön... Und ich kann Herrn Schön deshalb nur empfehlen... Darüberhinaus möchte ich Herrn Schön raten... Das sind vielleicht harte Worte, aber Herr Schön sollte sich endlich... Aber Herr Schön will offenbar nicht einsehen, daß er... Denn was verspricht sich Herr Schön davon, wenn er... Dann was hat sich Herr Schön eigentlich dabei gedacht... Um es kurz zu

machen: Schön ist schuld... Bleibt nur die Hoffnung, daß Schön am Ende doch noch... Darum möchte ich mich kurz einmal ganz kurz äußern... Ich möchte nämlich mal fragen, was sich Herr Schön dabei denkt... Und ich komme zu dem Schluß, daß Herr Schön... Darum sage ich: völlig verfehlt, Herr Schön, und warum? Das frage ich Sie!!

Schön

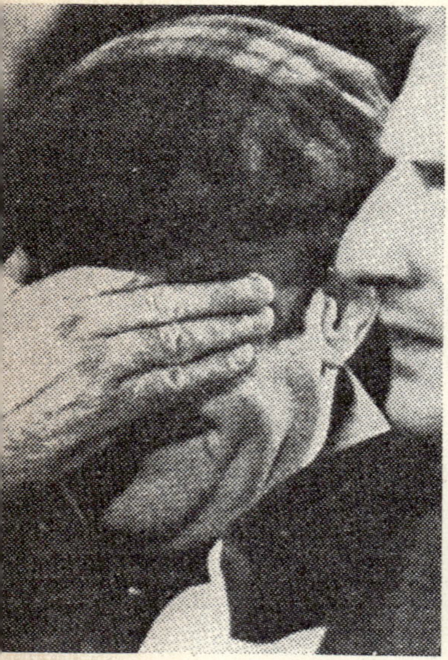

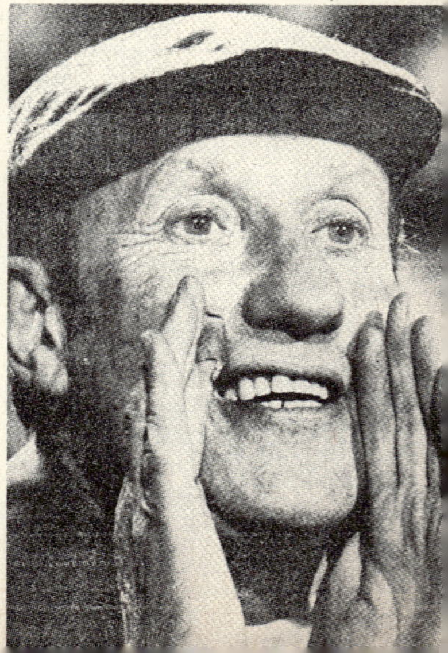

Zu Gast bei

Also das Wohnzimmer Gerd Müllers ist geräumig, nicht allzu breit, aber sehr lang, die Fenster liegen nach Süden. In tiefen bequemen Sesseln läßt sich ruhen. Im Hintergrund der teure Wohnzimmerschrank. An der Wand das teure Gemälde, das Klubarzt Dr. Spannbauer fürs neue Haus schenkte. Frau Uschi serviert im Eßzimmer. Der Hausherr Willi Schulz steht in der Diele vor der Treppe, die in den ersten Stock führt. Links das geräumige Wohnzimmer. Große Fenster ermöglichen einen Blick nach draußen. Frau Ingrid, hinter dem tiefen Clubsessel, liest gern ein wenig mit. Der ganze Stolz Wolfgang Overaths ist ein eingebauter Kamin. Das geräumige Wohnzimmer ist in Altdeutsch eingerichtet, ein wuchtiger Kupfertisch steht in der Mitte. Ebenerdig liegt das geräumige Wohnzimmer Franz Bekkenbauers, im ersten Stock machen drei Zimmer die Wohnung komplett. Die Wand der Treppe, die in den Keller führt, ist mit Wimpeln tapeziert. Am Morgen gibt es Kaffee mit gefüllten Rohrnudeln. Die Adventskerze sorgt für eine gemütliche Atmosphäre in der Einzimmerwohnung des Junggesellen Bernd Patzke. Er gehört nicht zu den Spätaufstehern. Früh um acht drückt er schon auf den Radioknopf. Wenn Bernd Lust hat, trainiert er mit dem Expander, dazu ein Schluck Malzbier, das gibt Kraft. Das Geschirr wird in der Küche selbst gespült. Von der Küche kann Frau Agnes das Essen direkt durch ein Fenster in das geräumige Wohnzimmer reichen; denn sie weiß, was Sepp Maier am besten schmeckt. Das Lieblingsgericht Uwe Seelers ist Seescholle, Süßigkeiten, die der Nichtraucher Uwe so schätzt, stehen auf dem Tisch im geräumigen Wohnzimmer. Frau Ilkas Garderobe verrät Geschmack, sie nennt ihn Schatzi, Dicker, Pappi. Ab und zu überrascht sie ihn mit einer neuen Frisur. Horst Höttges sitzt auf dem Sofa, das er sich mit seinen Beinen erspielt hat, in seinem geräumigen Wohnzimmer, zwölf Minuten mit dem 280 SE von der Arbeitsstelle, dem Weserstadion, entfernt. Er zieht schnell einen Schlußstrich unter die Situation, die er nicht mehr ändern kann. Helmut ist ein häuslicher Mensch, sagt Waltraud Haller, er ist froh, wenn er in seinen vier Wänden ist. Mittags um zwölf Uhr nimmt er in seiner wunderschönen, großzügig-repräsentativ wirkenden, kultiviert eingerichteten Parterre-Etage in einer Luxusvilla an einem bewaldeten Hang außerhalb von Turin sein Mittagessen ein. Meistens zieht er abends um sechs die Pantoffeln an. Walter Schmidt, siebzig Kilogramm schwer, liegt mit eingegipstem rechten Knie in seinem schmucken Eigenheim am Wilhelm-Raabe-Weg in Bienrode, Kreis Braunschweig. Frau Klein, die freundliche Metzgersfrau, konnte nicht ahnen, daß sie einem Fußball-Nationalspieler morgens ein Ei auf den Tisch stellen würde. Laut Mietvertrag wohnt Hannes Löhr oben, in dem kleinen Zimmer, Bücherregal, Plattenspieler, Bett, Schreibtisch, er zeigt dem Schicksal die Zähne, sein Sechsfamilienhaus befindet sich im Bau. Fritz Walter sitzt vor dem flackernden Kamin und hört klassische Musik, er hat ein Bändchen Shaw aufgeklappt, an der Wand hängt ein Bild von Hans Purrmann. Mit dem Humor seiner westfälischen Heimat stellt Willi Schulz fest, als er das lädierte Bein aus dem Wasser nimmt: ich kann warten. Uwe Seeler nimmt die rechte Hand vom Lenkrad und dreht an einem kleinen Knopf. Jetzt kommt die Musik aus einem Lautsprecher unter dem Heckfenster des Wagens. Am liebsten trinkt er ein Bier vom Faß. Wenn die Bayern auf große Fahrt gehen, geht Frau Beckenbauer mit Frau Maier in die Oper. Gerd Müller spielt Rommé mit Familie Pumm, sein Lieblingsgericht ist Kartoffelsalat, sein Oberschenkelumfang beträgt achtundfünfzig Zentimeter. Die schwarzhaarige Karin Overath, geborene Koffer, beginnt sanft zu lächeln, vielleicht denkt sie an die vielen einsamen Stunden allein daheim. Aber sie schweigt, sie lächelt nur, gütig und verständnisvoll. Dämmrig wirds draußen in Troisdorf. Fast sachte umweht der kühle Wind das gelbliche Herbstlaub. Plötzlich fällt die Tür zu, um sogleich wieder aufgemacht zu werden. Ich habe noch etwas vergessen, sagt Pelé, dessen sechsköpfige Leibgarde von einem ehemaligen Panzeroffizier kommandiert wird, ich habe noch etwas vergessen, grüßen Sie mir Deutschland, sagt Pelé, ich freue mich schon darauf, wenn ich in vier Wochen wieder den Rhein sehen kann.

Fußballballade vom schwarzen Samstag

Beim Einlauf Nebel dicht und weich und wälzend,
beim Einlauf Pfiffe spitz auf diesem Platz,
die Hosen rot, die Gäste mit Ersatz,
beim Einlauf Regen strömend, Schneefall schmelzend.

Der Boden knöcheltief oh knochentrocken,
der Boden gut, der grüne Rasen grün,
die Sonne sticht, die Regenschauer sprühn,
die Gäste ganz in weiß mit schwarzen Socken.

Der Boden knallend hart, die Bälle springen
vom Fuß der erste Angriff ist verpufft.
Jawohl, sagt Schwartz, wer siegen will braucht Luft,
wer siegen will braucht Luft vor allen Dingen.

Es plätschert matt und die Gestreiften drücken,
die Abseitsfallen schnappen und ein Bein
ein Bein bleibt stehen, Sechzig spielt klein klein
und Sechsundneunzig mit dem Wind im Rücken.

Die Gäste schwach mit Ach und Krach im Westen.
Der Boden vollgesogen, Nebel, Schlamm.
Die Sonne grell, die Gäste kopflos lahm,
kein Saft kein Schwung kein Pfeffer bei den Gästen.

Die Stangen retten knarrend und die Pfosten,
die Mauern dick, die Abwehrketten dicht,
die Spitzen stumpf, die Zangen zwicken nicht,
im Süden kommt man nicht auf seine Kosten.

Die Bälle pflaumenweich und dort im Norden
die Bälle schabend schläfrig tropfend ab,
die Bälle ganz gemächlich schwebend schlapp.
Max Merkel stumm. Schwartz bleibt bei seinen Worten:

Wer siegen will braucht Luft auf alle Fälle.
Die Zeit verstreicht. Max Merkel rauchend stumm.
Es fehlt der Biß, der Mann mit Bumms und Wumm,
die Bälle müde ach ganz matt die Bälle.

Im Westen still, es wird nicht mehr gesungen,
die Zeit vergeht oh Mann und nichts geschieht.
Max Merkel raucht, es ist das alte Lied,
blind angerannt und nichts bis jetzt gelungen.

Die dicke Neun die schnelle Nummer Sieben
die harte Acht die Fünf die kleine Drei
die Vier nicht giftig und die schwache Zwei
hat zwischen Zehn und Elf sich aufgerieben,

die Sechs von einem Stiefel hart getroffen,
wer siegen will, sagt Elek Schwartz, der braucht
vor allen Dingen Luft, Max Merkel raucht.
Die Sechs am Boden und das Bein ist offen.

Der Fuß zerfetzt hinab bis auf den Knochen,
schwer umgesägt, der Westen heulte auf,
gerammt und umgemäht aus vollem Lauf,
mit aller Wucht, das Wadenbein gebrochen.

Im Norden kalt, die welken Fahnen hängen,
Max Merkel stumm, der Boden seifenglatt.
Der Boden tief, jetzt wendet sich das Blatt.
Im Süden schwül und Stimmung auf den Rängen.

Der Hammer kracht, die Flügelscheren schneiden,
die Mauer knirscht, der Abwehrriegel bricht,
Riß Biß und Stöße tief im Abendlicht,
im Westen jetzt wie in den alten Zeiten.

Die Lücken klaffen weit, die Spitzen bohren,
im Süden Dampf, im Norden gar kein Glück.
Max Merkel legt sich rauchend stumm zurück,
im Westen Pech, die Gäste sind verloren.

Die Gäste taumelnd, längst nicht mehr die alten,
vom Platz gefegt, vom Tisch gewischt, Schwartz ruft:
wer siegen will, der braucht vor allem Luft.
Das war am Samstag. Die Raketen knallten.

Kein Wort zu Ott. Der Knopf ist aufgegangen.
Mit allem Drum und Dran, das Dosenbier
läuft fort nach diesem Spiel im Vierzweivier.
Cajkowski sagt: wir haben uns gefangen.

War schwer, sagt Buhtz. Auf diesem nassen Rasen,
sagt Gutendorf, da war für uns nichts drin.
Und Langner sagt: jawohl, ein Punkt ist hin.
Schlicht schlecht, sagt Sing. Und Klötzer sagt gelassen:

Wir kommen noch. Wir könnten viel mehr leisten,
sagt Multhaupt. Brocker sagt: ich freu mich sehr.
Weisweiler sagt: ich freue mich noch mehr.
Und Johannsen: ich freue mich am meisten.

Max Merkel raucht und schaut und sagt: na wart's
nur ab die Herren. Murach sagt: nein nein.
Und Lorant sagt: wo könnten wir jetzt sein.
Wer siegen will braucht Luft, sagt Elek Schwartz.

Trainer

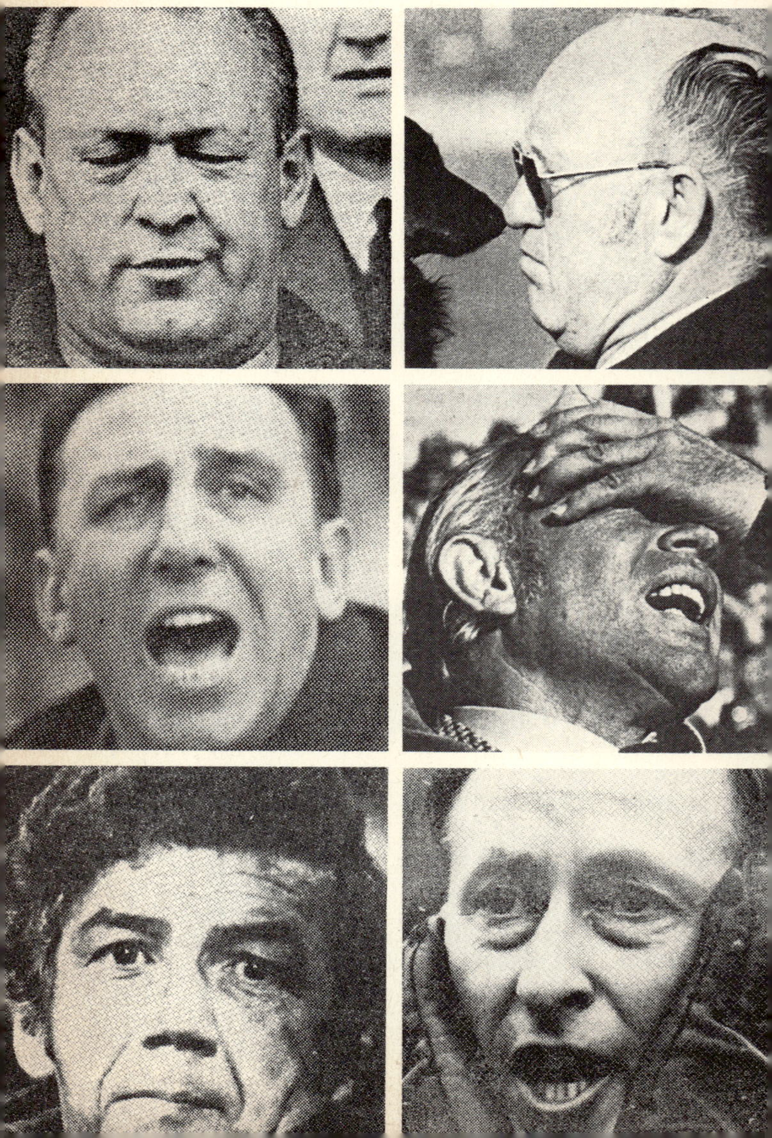

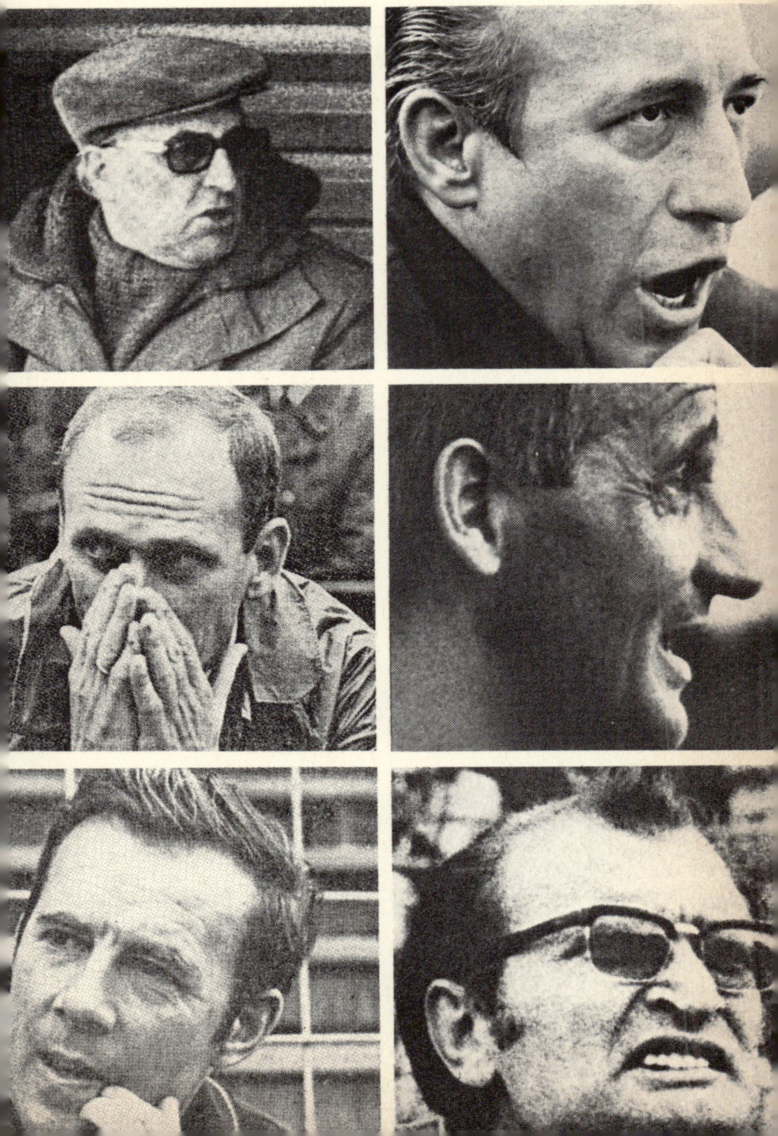

Fragen & Antworten

der Fragensteller F: **Sie, Herr Weber, der Abwehrregisseur des 1. FC Köln – und MARS?**

Weber: **MARS esse ich immer nach dem Training; bringt verbrauchte Energie sofort zurück.**

F: **auch Sie, Herr Paul, der Mannschaftskapitän der Dortmunder Borussen, Sie essen MARS?**

Paul: **ja natürlich, denn MARS bringt bekanntlich verbrauchte Energie sofort zurück. Das weiß doch jeder.**

F: **MARS auch für die Sturmspitze der Dortmunder Borussen, Herr Held?**

Held: **na, was denn! unsereins weiß doch, wie man verbrauchte Energie sofort zurückbekommt . . . also esse ich MARS.**

F: **und Sie, Gerd Müller, unser Bomber und Torschützenkönig?**

Müller: **zwischendurch ein MARS, das bringt die Bombenform sofort zurück.**

F: **was! auch der Linksaußen des 1. FC Köln, Heinz Hornig, ißt MARS?**

Hornig: **klar, man verausgabt sich bei jedem Spiel, und MARS bringt verbrauchte Energie sofort zurück.**

F: **– – – ?**

Overath: **auch ich bestätige: MARS bringt verbrauchte Energie sofort zurück!**

Zitate 3

Wir haben der Welt das wahre Gesicht des afrikanischen Fußballs gezeigt.

Fußballboß Kacem aus Marokko

Das kann auch seine guten Seiten haben.

Helmut Schön, Bundestrainer

Es geschehen auf unserer von Technik beherrschten Erde nur noch wenig Wunder. Nennen wir das, was in Mexiko passiert ist, ruhig ein kleines Wunder.

Bild-Zeitung

Wir grüßen die England-Killer.

Transparent zum Empfang der Mexiko-Nationalspieler

Köln hätte, gemessen an den Torchancen, gewinnen müssen.

Ludwig Erhard, Bundeskanzler, 1966

In dieser Form kann Köln Meister werden.

Willy Brandt, Bundeskanzler, 1969

Ich habe mir drei Ziele gesetzt. Die Wahl in Hessen, die Wahl in Bayern und den Klassenerhalt der Frankfurter Eintracht.

Wolfgang Mischnick, Vorsitzender der FDP-Bundestagsfraktion

Der hat einen schönen kräftigen Händedruck.

Gustav Heinemann, Bundespräsident, über Sepp Maier

Wer möchte schon auf einer grünen Bürste spielen, auch wenn sie kurzborstig ist.

Richard Kirn, Journalist

Ich habe es ja immer gesagt!

Max Merkel, Trainer

Album

damals Moment achtunddreißig jawohl als die Österreicher, Raftl im Tor, Verteidiger Schmaus, Stopper Mock, Pepi Stroh, Bimbo Binder, erstens zweitens und drittens, soweit ist die Sache in Ordnung, und hier steht Fritz Szepan,

damals bedankte sich Reichstrainer Nerz hier mit dem Hut bei Fritz Szepan, aber das war nicht alles, was damals geschah,

was damals los war, kann man sich denken, warten Sie mal, vierunddreißig, Zamora bremste den ganzen Sturm, in dem so göttliche Stürmer standen wie Orsi, Maezza, Ferrari, man kann sich den Höllenlärm vorstellen, damals in Rom, das ist er, Ricardo Zamora,

was ist denn nur los? war damals die Frage, was machen wir denn? dann schlug man Mercet aus der Schweiz vor, warum nicht Mercet aus der Schweiz? war die Frage, nein nicht Mercet aus der Schweiz, sagt Peco Bauwens, wo kommen wir hin, meine Herren, wenn wir uns die Schiedsrichter vorschreiben lassen, der Mann aus Köln schaute damals gleich hinter die Sache, hier sieht man ihn mit dem Mantel über dem Arm, jawohl, neben Nerz,

damals sah Bauwens natürlich gleich rot, als Mercet wirklich ankam und sagte, da sei er, das Spiel leite er, und hinter Mercet in der Uniform ein General mit Namen Vaccaro, aha, der hält sich nicht lange mit Vorreden auf sondern sagt: meine Herren, das ist Herr Mercet, der leitet das Spiel,

so geht das nicht, sagte Bauwens und schmeißt alles hin, das ist eine Frechheit, da mach ich nicht mit, wie recht er da hatte, erfährt man sehr bald, Italien schlägt Spanien einsnull und dafür hat Herr Mercet gesorgt, wie sich damals herausstellt, hier links vierunddreißig, und damals die Urus in Holland, das war nicht viel besser, die spucken die Deutschen an im Vorüberlaufen und treten alles zusammen, was sich bewegte, hier, vierundzwanzig, sitzend von rechts, und was macht der Schiedsrichter schließlich? er stellt einen Deutschen vom Platz, na bitte, Hans Kalb, und nach dem Debakel fuhr alles nach Hause, Kalb noch am gleichen Abend, da sieht man sein böses Gesicht, sein großer Rivale war Leinberger, Fürth, genannt der Happerer,

und Hurst damals in der Verlängerung, so schnell das auch ging auf dem Teppich von Wembley, der Ball war nie hinter der Linie, weder oben noch unten, hier sieht man es deutlich,

das roch ja nach Schiebung, daß wirklich die Schwarte krachte damals in der glühenden Hölle von Mexiko, mit kühlen Tüchern und Schwämmen im Nacken, Grabowski am Boden, ein Spiel wie unter der Lötlampe, Yamasaki pfiff die merkwürdigsten Dinge,

aber hier wird der Boß vom Jubel verschluckt, was keiner für möglich gehalten hatte in Spiez, das Wunder von Bern, so hat das geraucht, Ottmar Walter später an seiner Tankstelle, Kohlmeyer dicker als vorher, Schäfer in Köln, Eckel noch immer in Vogelbach, wie es Liebrich geht, sage ich später,

und dort mit dem Dreispitz in Alsenborn sitzt Fritz Walter beim Fünfzigsten, in seiner Kellerbar, alle sind da, außer Boß Rahn, seine Spur verlor sich schon hinter Essen, er war irgendwo hängengeblieben und hatte den Absprung verpaßt, alle sangen *Hoch auf dem gelben Wagen,* Herbergers Lieblingslied, Liebrich sang kräftig mit, wie man sieht, fast bis zur dritten Strophe, da staunte der Chef, das waren wirklich wieder mal schöne Stunden,

und Deusers tastende Hände, nicht durch ein elektrisches Klavier zu ersetzen, das bekannte Massagestäbchen, jeder kennt es, jeder kennt aber auch das bekannte Deuserband, aus einem Fahrradschlauch entstanden, eine Muskelpumpe von höchster Wirksamkeit, ein Sportplatz auf der Stelle, also mal sehen: der Schmerz in der Leistenbeuge wie weggeblasen, das Knie des Patienten wundervoll, wirklich von großer Biegsamkeit, Netzer erhebt sich plötzlich und kann wieder gehen,

ach und Pfaff mit dem Bowler aus Glasgow in seiner Wirtschaft, Gutendorf wie die Made im Speck damals in Tunis, zwei Diener, Chauffeur und reichlich zu essen, der Rudi fühlte sich wohl, wie man sieht,

ich weiß gar nicht mehr, damals fiel mir der Abschied nicht leicht, es kam wie es kam, ich weiß gar nicht mehr, also Conen, jubelnd reißt er die Arme hoch, bitte auf dieser Seite, Conen in diesem Moment, natürlich ging das nicht gut, denn erstens war wie erwartet in der Mannschaft gar kein Verständnis und später war alles noch zehnmal schlimmer, oben links Conen im Jahre darauf, neben ihm Siffling, erkennen Sie den mit der Mütze? jawohl, das ist Stuhlfauth bei einer umrauschten Parade, doch hier geht es los, Bimbo Binder in der Rapid-Viertelstunde, drei Tore in fünfzehn Minuten, er war damals besser als Hoffmann, die Pfosten zerkrachten, so hat er gedonnert, Kupfer und Kitzinger, Schweinfurth, Janes damals im besten Saft, Piele Pahlke mit seinen Einwürfen, Gummischmid, Dokter, wo kam der gleich her? das da ist Dokter, da steht auch Tull Harder, wo ist er geblieben, Gellesch, Kalwitzki, stehend hockend und kauernd kniend und liegend hinten und vorn in der Mitte dazwischen Urban, Rachuba, und wieder Dokter, wo kam der bloß her? es fällt mir nicht ein, meine Herren, Ötte Tibulski, Tiefel und Stubb, Kreß mit dem Fuß auf dem Ball, das war ein Jubel, die Leute haben getrampelt, Tipfi Oehm war beim Club, plötzlich fällt mir auch Bornemann ein, sieh mal an, Bumbas Schmidt, Hans Neger, Toni Kugler nicht zu vergessen, überall war was los, Hainer Träg, mein Gott, Willimowski, Sutor und Hochgesang, sehen Sie mal, Hanne Sobek, wie war das denn damals, fragen mich alle, ja, sage ich, was wollen Sie wissen? damals, ach, das ist lange vorbei, und hier noch die Österreicher mit Hiden; Schramseis, Blum; Mock, Smistik, Gall; Zischek, Geschweidl, Sindelar, Schall, Vogel; es gab gelegentlich Änderungen, so gehörte etwa Nausch in die Mannschaft, die Schüsse des papierenen Sindelar waren eisenhart, auf seinem Grab liegen immer noch Blumen. Man hat schon lange nichts mehr von ihm gehört.

Telefongespräch im Fernsehen anläßlich des Qualifikationsspiels zur Fußballweltmeisterschaft Zypern gegen Deutschland am 23.11.1968 in Nikosia (ARD)

A: Erster Fernsehreporter (auf dem Bildschirm)
B: Zweiter Fernsehreporter (in Zypern)

A: So. Nun wollen wir einmal versuchen, eine Verbindung mit Nikosia herzustellen. *A hebt den Hörer ab.* Hallo!

B: Ja.

A: Ah, da sind Sie ja. Wie war das Spiel?

B: Ich habe Ihre Frage nicht verstanden.

A: Meine Frage war, wie war das Spiel?

B: Das Spiel?

A: Jawohl.

B: Welches Spiel?

A: Na, ich denke, das Spiel, über das Sie uns berichten wollen, das Länderspiel in Nikosia.

B: Was?

A: Das Länderspiel.

B: Das Länderspiel?

A: Ja. Wissen Sie, wie es ausgegangen ist?

B: Ich kann es nicht beurteilen, weil ich das Spiel nicht gesehen habe.

A: Was, Sie haben das Spiel nicht gesehen?

B: Was?

A: Sie sagen, Sie haben das Spiel nicht gesehen?

B: Was?

A: Die Verbindung ist schlecht. Die Verbindung ist heute wirklich nicht gut. *A hat jetzt einen Zettel in der Hand und wendet sich, den Hörer noch am Ohr, an die Zuschauer. A lächelt nicht.* Wir haben hier ein Resultat nach vielem Hin und Her.

Ein Ergebnis, das durchaus sein kann, das durchaus im Bereich des Möglichen liegt. *A beugt sich, den Hörer noch am Ohr, über den Zettel. Offenbar kann er den Zettel nicht lesen. A wendet sich wieder an die Zuschauer.* Aber wir wollen hören, ob wir nicht doch noch eine bessere Verbindung bekommen! Hallo!

B: Ja.

A: Ah, da sind Sie ja.

B: Ja, ich bin hier.

A: Ich freue mich, daß wir uns jetzt endlich verstehen.

B: Was?

A: Ich freue mich, daß wir uns jetzt verstehen!

B: Was meinen Sie? Ich kann Sie nicht verstehen.

A: Sie können mich nicht verstehen?

B: Doch, ich verstehe Sie gut.

A: Ah, das ist gut. Können Sie uns etwas über das Spiel sagen, vielleicht das Ergebnis?

B: – *es kratzt stark in der Hörmuschel, es knistert eine Weile, A hat den Hörer ein Stück vom Ohr entfernt, jetzt hält er ihn wieder ans Ohr.*

A: Hallo! Ich höre Sie nicht. *An die Zuschauer gerichtet:* Das war ja zu erwarten. *In die Muschel:* Hallo! Was?

B: Wimmer im Mittelfeld

A: Wer?

B: Wimmer!

A: Wimmer?

B: Ja.

A: Jawohl. Also Wimmer im Mittelfeld. Und wie ist das Resultat?

B: Ich habe Ihre Frage nicht verstanden.

A: Ich habe Sie gefragt, wie das Spiel ausgegangen ist. Unsere Zuschauer hier sind gespannt auf das Resultat.

B: Haben Sie eine Frage?

A: Ja, ich habe Sie nach dem Resultat gefragt!

B: Hallo?

A: Das Resultat, verstehen Sie mich? Das Ergebnis? Wie es ausgegangen ist?

B: Das ist mein Eindruck, wie gesagt, soweit ich das sehen konnte, soweit es sich um das Spiel handelt, auf das Sie anspielen.

A: Von wem sprechen Sie? Bitte, von wem sprechen Sie?
B: Ja. Soweit ich das beurteilen kann.
A: Können Sie mich denn nicht verstehen?
B: Ja, aber ich kann es nicht so genau sagen, ich muß mich auf das verlassen, was ich gehört habe.
A: Und wissen Sie, wie es ausgegangen ist?
B: Was?
A: Das Spiel, wie ist das Resultat?
B: Ich glaube ja.
A: Gab es sonst noch was Besonderes?
B: Ich kann Sie plötzlich nicht verstehen, die Verbindung ist schlecht.
A: *legt den Hörer auf.* Es tut mir leid, liebe Zuschauer, aber das Resultat ist nicht mit Gewißheit zu erfahren.

Die alten Zeiten sind vorbei

Mit einem Mal sprechen wir von den alten Zeiten. Wirklich, die alten Zeiten, die sind vorbei, die kommen nicht wieder, also hören Sie zu, das war vierunddreißig, niemand von uns, am allerwenigsten Kreß selbst, konnte sich an diesem Tag vorstellen, warum er gerade an diesem Tag so unsicher war. Edmund Conen hatte es damals dauernd mit dem listigen Dings wie hieß er denn Sista oder Sesta zu tun, der gerne den Clown spielte, also er spielte den Clown, indem er sich mehrmals ganz plötzlich auf den Ball setzte, während Conen zunächst gar nicht wußte, wo der Ball war, also wo das Leder geblieben war, bis Conen dann kurz vor der Halbzeit Sesta, so hieß er, Sesta das Leder einfach unter dem Hintern wegschoß, denn inzwischen wußte er natürlich, daß Sesta auf dem Leder saß, und er schoß es ihm glatt unter dem Hintern weg, wumm, genau zu Ernst Lehner, der daraus das Dreieins machte, und Sie können mir glauben, das ging fast auf Anhieb so weiter. Also, na gut, es war damals schon durchgesickert, daß man aus der Defensive heraus spielen wollte, doch darüber lag, wie gesagt, noch der Schleier des Schweigens, man griff also mit sieben acht Mann an, aus der Defensive heraus, wie gesagt, und drückte und drückte, bis Szepan endlich Mitte der zweiten Halbzeit innerhalb von zwei Minuten, nein es war Hohmann, der kam aus damals aus warte mal Benrath, ja es war Hohmann, also der schoß innerhalb von zwei Minuten Mitte der zweiten Halbzeit, von drei Minuten, ich muß mich verbessern, nicht zwei Minuten, also von drei Minuten zwei prachtvolle Tore. Nun klappte natürlich alles, es lief wie am Schnürchen, das war ein Verständnis, das kommt niemals wieder, etwa der Conen im Sturm überhaupt mit Siffling und Tau Kobierski und dann war der Gramlich eine Klasse für sich neunzig Minuten lang unermüdlich, Junge, und Busch, der für Schwartz hereingenommen worden war, die Mannschaft war wirklich nicht wiederzuerkennen gegen damals, schließlich wußte ja jeder, daß das ein heißer Boden war, und Rydberg im Tor der Schweden hatte einen von seinen Glanztagen, die schärfsten Schüsse, da war nichts zu machen, bis Hohmann dann schließlich zweimal in drei Minuten draufhaute, das lief wie am Schnürchen, vor allem deshalb, weil die Stimmung so gut war, Junge, das war eine Stimmung, das sage ich Ihnen, das war ein Fest. Im ersten Spiel hatten die Italiener sechs Spanier zusammengetreten, und die Spanier hatten vorher den Geheimtip Brasilien dreieins ausgeschaltet und dann kam die Schlacht von Rom, ich habe das nie vergessen, kurz und gut, jetzt waren die Spanier natürlich ersatzgeschwächt und hielten mit zehn Mann, Junge, mit zehn Mann das Nullnull, und dann, das hatte keiner für möglich gehalten, schossen die Spanier mit zehn Mann zwei einwandfreie Tore. Aber der Schiedsrichter, das war, warte mal, jawohl, der Schweizer Mercet, also dieser Mercet gab sie nicht, aus Angst vor der entfesselten Masse, und das war noch nicht alles, dieser Mann gab auch zwei klare Elfmeter nicht für die Spanier, die hätte er geben müssen, und das war noch immer noch lange nicht alles, denn dieser Mann der erkennt glatt aus Angst vor der tobenden Menge ein Tor für Italien an, das Maezza völlig abseits schoß, das war ein Ding, Junge, das weiß ich wie heute, und dann später sollten wir gegen die Tschechen mit einer ganz anderen Taktik spielen, an Szepans Stelle sollte ein anderer Stopper spielen, dafür sollte dann Szepan als zurückgezogener Halblinker spielen, das mußte ja schiefgehen, und natürlich, prompt, ging es auch schief, nein, es ging also eigentlich deshalb schief, weil Szepan dann doch nicht Halblinker, sondern doch Stopper spielte, also aus mit der neuen Taktik und deshalb ging es dann schief, denn das mußte auf jeden Fall schiefgehen, ohne den knieverletzten Hohmann und ohne Gramlich, der schon nach Hause gefahren war, aus beruflichen Gründen, also Gramlich war auch nicht mehr da, trotzdem, Junge, vom Anstoß weg waren wir besser im Spiel, aber wie das so ist, wir drücken und die Tschechen schießen das erste Tor, nun rollte es zwar und ich dachte, einmal muß doch der Bann brechen, einmal muß doch der Ausgleich fallen, und dann fällt er tatsächlich, na, was hab ich gesagt, ein Raketenschuß von Noack, einseins, jetzt war es eigentlich nur noch eine Frage der Zeit, aber wie das so geht, die einen drücken, die anderen schießen die Tore, zweieins, dreieins, das war natürlich das Ende und niemand hatte sowas erwartet, aber dann gegen die Österreicher, die waren auch älter geworden, um den dritten Platz, mit Jacob im Tor und Paul Janes als rechter Verteidiger, unermüdlich, das weiß ich wie heute, also Szepan bedient in der ersten Minute Heidemann, der auch gleich feuert, Platzer wehrt ab und Lehner knallt kurz entschlossen das Einsnull ein, Junge, ein Schuß nach dem andern, dann das Zweinull, wer war das denn noch, ich weiß es einfach nicht mehr so genau in diesem Moment, und Conen hat schließlich das Leder dem Dings dem Sesta einfach unter dem Hintern weggeschossen, wumm, genau zu Ernst Lehner, das ist nun auch schon bald vierzig Jahre her, das war vierunddreißig, das war eine Sache.

Das kann man wohl sagen

Nun komme ich aber zur Hauptsache, und zwar zu Uwe Seeler. Es ist nicht zu fassen. Diesem Mann wollen einige Leute nachsagen, daß seine Zeit vorbei ist. Da kann ich nur lachen.

Es zeigt sich, daß wir noch lange keinen Nachfolger haben für ihn, das muß mal gesagt werden.

Er hat alle Zweifler wieder einmal belehrt. Er ist unersetzlich, so ist es.

Er ist nicht am Ende. Dieser Mann ist noch nicht am Ende. Das sollte man einmal ganz deutlich sagen.

Er ist noch lange nicht alt und schon gar nicht müde geworden. Das ist doch Tatsache.

Es ist kein Ersatzmann in Sicht. Tatsache ist doch, daß weit und breit keiner zu sehen ist.

Keiner kann behaupten, er sei besser als er. Niemand kann ihn ersetzen. Sein Abschied liegt noch in weiter Ferne.

Ich möchte sogar behaupten, daß er noch besser ist, als früher. Hut ab vor diesem Mann.

Da kann man nur sagen: Hut ab. Sein Auftreten, vom Haarschnitt an, ist erstklassig.

Wirklich, nichts gegen Seeler, aber mit Müller ist er nicht zu vergleichen.

Mit Müller, das muß mal gesagt werden, kann er nicht konkurrieren.

Man sollte endlich einmal den Mut haben, das in aller Deutlichkeit zu sagen.

Um ehrlich zu sein: Seeler, selbst in seiner besten Zeit, könnte Müller niemals verdrängen.

Um die Wahrheit zu sagen, seine Zeit ist vorbei, obwohl manche Leute ihn am liebsten noch mit Krücken auf dem Platz sehen würden. Da kann man doch nur den Kopf schütteln.

Da kann man doch nur lachen. Sicher ist doch: er ist längst am Ende, er ist fertig, er ist alt und müde geworden, da besteht doch kein Zweifel.

Man fragt sich, wie schlecht er eigentlich noch werden muß, bevor man das einsieht. Allmählich finde ich es notwendig, diese Frage zu stellen.

Es steht doch wohl einwandfrei fest, daß Müller ihn längst in die Tasche steckt, das ist doch gar keine Frage.

Alles was Recht ist, Müller ist nicht mehr wegzudenken, auch wenn das einigen Leuten nicht paßt. Fußball ist doch kein Tortenbacken.

Es ist höchste Zeit, daß das einmal ausgesprochen wird. Müller ist nicht zu ersetzen. Da besteht doch kein Zweifel.

Man mag darüber denken, was man will, es gibt weit und breit keinen, den man mit ihm vergleichen kann.

Auch wenn das einigen Leuten nicht gefällt, muß man sagen: Müller ist wieder da. Ich möchte sogar behaupten, daß er noch besser als früher ist.

Das ist die Hauptsache, und wenn man ehrlich ist, wird man zugeben, daß Müller auch nicht mehr der Alte ist.

Müller ist satt und müde geworden, das ist doch bekannt, er hat viel vergessen.

Ich würde sagen, Müller hat nie was gekonnt und er lernt es auch nicht.

Müller sollte sich endlich die Spiele von außen ansehen, das muß mal gesagt werden, alles andere geht an der Wahrheit vorbei, das wird wohl keiner abstreiten.

Ich behaupte, Müller ist nichts und nie was gewesen, und wenn einige Leute etwas anderes behaupten, dann kann ich nur lachen.

Holt endlich Emmerich zurück!

Hat man vergessen, wie Emmerich auf die Pauke gehauen hat? Hat man das alles vergessen?

Was muß eigentlich noch alles passieren, bevor man sich an ihn erinnert, das frage ich mich.

Ich frage mich, was eigentlich noch geschehen muß, bevor man ihn zurückholt.

Auch wenn einige Leute das nicht wahrhaben wollen, er ist besser als früher. Ich bin sicher, daß er wiederkommen wird.

Ich möchte sagen, daß ich fest daran glaube, daß er wiederkommt.

Ich jedenfalls bin ganz sicher, daß er bald wieder voll da ist. Dann kann ihn keiner ersetzen, das kann man wohl sagen.

Ich bin der Auffassung, daß ihn bis heute noch keiner ersetzt hat.

Ich bin der Meinung, daß ihn noch niemand erreicht hat, das ist mein Standpunkt.

Und diesem Mann wollen einige Leute nachsagen, daß seine Zeit vorbei ist. Da kann ich nur lachen.

Jubel

3

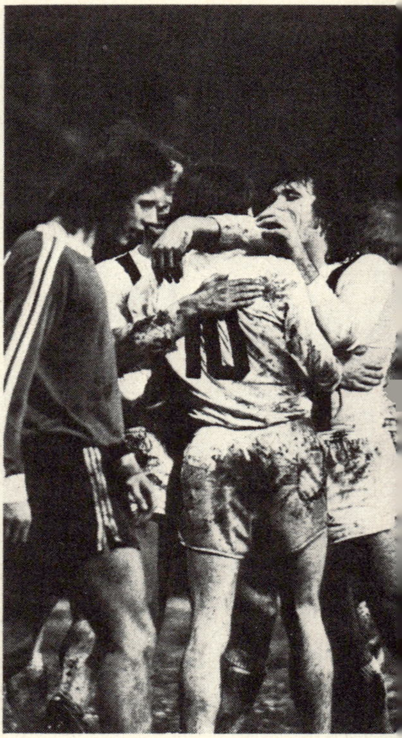
10

Enttäuschung

Zitate 4

Bundesliga-Skandal

Am Montag wird die Öffentlichkeit ungeheure Dinge erfahren.

Horst Gregorio Canellas, Ex-Vorsitzender von Kickers Offenbach

Unser Verein ist sauber.

Günther Siebert, Vorsitzender von Schalke 04

Ich weiß von nichts.

Waldemar Slomiany, Ex-Spieler von Arminia Bielefeld

Mir kann nichts passieren, ich bin mir keiner Schuld bewußt.

Jürgen Sobieray, Ex-Spieler von Schalke 04

Für mich ist das alles erledigt.

Manfred Manglitz, Ex-Tormann vom 1. FC Köln

Es brannte helles Licht, so daß ich alles genau sehen konnte.

Willi Pieper, Ex-Spielausschußvorsitzender von Arminia Bielefeld

Was mich persönlich betrifft, läßt mich die Sache völlig kalt.

Günther Siebert, Vorsitzender von Schalke 04

Wir werden wachsen wie eine Eiche.

Wilhelm Stute, Ex-Präsident von Arminia Bielefeld

Ich werde das Fenster schließen, es zieht.

Manfred Manglitz, Ex-Tormann vom 1. FC Köln

Am Mittwoch wird die Öffentlichkeit ungeheure Dinge erfahren.

Horst Gregorio Canellas, Ex-Vorsitzender von Kickers Offenbach

Wir sind sauber wie am ersten Tag.

Günther Siebert, Vorsitzender von Schalke 04

Der Sumpf ist noch viel tiefer als man glaubt.

Egon Piechaczek, Ex-Trainer von Arminia Bielefeld

Wir fahren doch lieber in den Süden hinunter als in den verdammten Westen hinein.

Tasso Wild, Ex-Spieler von Hertha BSC

Ich weiß nicht, wer es herbeigeschafft hatte, jedenfalls war das Geld später da.

Willi Pieper, Ex-Spielausschußvorsitzender von Arminia Bielefeld

Bei der Fußballweltmeisterschaft in Mexiko erhielten wir von der Firma Puma ein Angebot über 5000,— DM pro Mann, wenn wir in ihren Schuhen spielen würden. Daraufhin verhandelten wir mit der Firma adidas, die 10 000,— DM gezahlt hat.

Horst Wolter, Tormann von Hertha BSC

Der Fußball ist kaputt, mehr sage ich nicht.

Horst Gregorio Canellas, Ex-Vorsitzender von Kickers Offenbach

Wenn der DFB es genehmigt, ist das etwas ganz anderes.

Hans Kindermann, DFB-Ankläger

Am Samstag wird die Öffentlichkeit ungeheure Dinge erfahren.

Horst Gregorio Canellas, Ex-Vorsitzender von Kickers Offenbach

Im Laufe der Woche erfuhr ich von unserem früheren Spieler Stockhausen, daß er gesehen hat, wie Slomiany das Geld im Strumpf hatte und wie er es Klaus Senger übergab.

Willi Pieper, Ex-Spielausschußvorsitzender von Arminia Bielefeld

Was eingetreten ist, ist nicht die Schuld des Vorstands oder des Vereins, sondern höhere Mächte waren im Spiel.

Günther Siebert, Vorsitzender von Schalke 04

Der Fußball ist in Ordnung, aber das Drumherum ist schlimm.

Rolf Rüßmann, gesperrter Spieler von Schalke 04

Man kann nur noch lachen darüber, wohin der Fußball gerollt ist. Oder man muß weinen.

Karl-Heinz Heimann, Journalist

Kaffee mit zwei Päckchen Zucker bitte.

Manfred Manglitz, Ex-Tormann vom 1. FC Köln

Ich sage überhaupt nichts mehr.

Max Merkel, Trainer

Nachrichten

Sepp Maier hat schon wieder einen Jux losgelassen. Es war bei der Ankunft der DFB-Delegation auf dem Frankfurter Flughafen. Spieler, Trainer und Offizielle warteten geduldig auf ihr Gepäck. Da bewegte sich der Vorhang vor dem Fließband. Und das erste Stück kam. Zuerst ein Schuh, zwei, drei Meter später ein Socken. Und der Torwart von Bayern München stand im Hintergrund, lachte sich eins und beobachtete amüsiert die verdutzten Gesichter. Rechts war er barfuß. *Kicker*

Bei der Begegnung des TSV Hohenfels und des ASV Batzhausen herrschte unter den Zuschauern eine gespannte Atmosphäre. Ein passives Mitglied des Hohenfelser Clubs stritt sich mit einem Batzenhausener darüber, wer hier »Foul« spiele. Daraufhin mischte sich ein Wagenpfleger aus Batzenhausen ein und hielt dem Hohenfelser vor: »Ihr fühlt Euch ja wieder recht stark.« Der Angesprochene schlug ihm darauf die Zigarre aus dem Mund. Als dieser in einer Art Reaktionsbewegung zurückschlug, bekam er einen Tritt in den Bauch. Das war das Signal für eine Rauferei, an der sich allerdings nachweislich der Initiator des Streits nicht mehr beteiligte, bei der aber der Wagenpfleger von anderen Hohenfelsern mehrere Schläge auf den Kopf bekam, so daß er ein Schädelhirntrauma erlitt.

Abendpost/Nachtausgabe

Der Traum eines Fußballfans erfüllte sich: Uwe Seeler drückte ihm die Hand. Wenig später versagte das Herz des 73jährigen Mannes. Er starb vor Freude. Mit selbstgemachtem Schild und Pudelmütze stapfte August Bantie vor dem Spiel durch den Schnee. Zwanzig Minuten später war er tot. Sein größter Wunsch war in Erfüllung gegangen. Uwe Seeler hatte sich besonders über das herzliche »Grüß Gott« gefreut, das der Mann auf sein Plakat gemalt hatte. *Bild*

Wenn es schnell gehen soll, dann setzt sich Klaus Fichtel in seinen funkelnagelneuen BMW. *Kicker*

Mit vier Schüssen streckte ein Anhänger der »Los Apaches« in einem Vorort von Mexico City den 26jährigen Star Carlos Villegas Zompa vom FC Atlanta nieder, weil er alle vier Tore gegen sie erzielte. Zompa wird nie wieder Fußball spielen können, meinen die Ärzte. *Frankfurter Rundschau*

Eintracht Frankfurts Stürmer Helmut Kraus, Schütze des 1:1 gegen Kaiserslautern, erzielte seinen Treffer trotz gebrochenen Mittelfußknochens. Kraus spielte achtzig Minuten mit dieser Verletzung. *Kicker*

Im Streit hatte der Arbeiter M aus Wuppertal seine Eltern mit dem Gewehr bedroht. Als Nachbarn die Polizei riefen, verbarrikadierte er sich, hielt sich ein Kleinkalibergewehr an die Schläfe und rief: »keinen Schritt weiter, oder ich drücke ab.« Fünf Stunden lang redeten seine Eltern, Freunde und Nachbarn vergeblich auf ihn ein. 16 Polizisten belagerten das Haus. Da besorgten sich die Beamten über Funk das Fußball-Ergebnis, dann schrien sie dem Lebensmüden zu: Wuppertal hat 1:0 gewonnen. Jubelnd riß der Mann die Arme hoch. Das Gewehr fiel zu Boden. Dann ließ er sich widerstandslos festnehmen. *Bild*

Zurück zur Natur – hieß es in Hannover vor dem Spiel gegen Frankfurt (1:1). Die 96er Stars Jupp Heynckes und Hans Siemensmeyer genossen nämlich einen kuriosen Sympathiebeweis: Ein Gemüsehändler schenkte beiden je zehn Pfund Rosenkohl. *BAMS*

Trainer Max Merkel ließ die Mannschaft von 1860 im Training minutenlang die Köpfe schütteln. Dann erklärte er: immer wenn Euch einer fragt, ob Ihr Fußball spielen könnt, dann macht Ihr diese Übung. *Spiegel*

Während des Spiels Deutschland gegen England entstand ein kleiner Stubenbrand. Der Bauer Josef Tangemann aus Harkebrügge trat die Flammen aus und setzte sich wieder vor den Fernseher. Nach dem Abpfiff stürzte er mit seiner Frau ins nächste Lokal. Dort empfing ihn der Wirt: Mensch, Dein Haus brennt! Die Feuerwehr konnte nichts mehr retten. *Bild*

Bernd Wessel, Torhüter von Borussia Dortmund, wurde als »Kavalier der Straße« ausgezeichnet. Das kam so: Bernd sah in der Wickeder Straße in Dortmund nachts eine hilflose Frau im Regen am Straßenrand stehen. Sie war in einen Unfall verwickelt worden und hatte ihre Brille verloren. Bernd zögerte keinen Moment, suchte und fand die Brille. Sportleute sind auch Kavaliere. *Kicker*

Der Brieftaubenverein Fuldensia Fulda ehrte unseren Torschützenkönig auf seine Weise. Jedes der 23 Mitglieder spendierte Gerd Müller eine Taube. *Bild*

Die erfolgloseste Fußball-Mannschaft der Bundesrepublik ist der SC Reichenbach, sie beendeten ihre Serie in der C-Klasse Hof mit 0:44 Punkten und einem Torverhältnis von 11:254. Nicht selten kommt es vor, daß die Mannschaft mit zehn oder nur neun Spielern antritt. Trotz der vielen Niederlagen denken sie nicht daran, zu mauern. »Das ist völlig unmöglich«, meint der erste Vorsitzende Josef Ascherl, »weil unsere Spieler dann völlig den Überblick verlieren und sich gegenseitig verletzen würden.« *Kicker*

Auch der Heilige Vater ist vom Fußballfieber gepackt. Er sieht sich die Spiele in Mexiko an. Als Italiener hofft er natürlich auf einen Sieg seiner Landsleute. Als Papst muß er jedoch allen Mannschaften den Daumen drücken. *Bild*

Brigitte Beckenbauer, die Frau unseres Nationalspielers, besuchte in Leon eine Erdbeermarmeladefabrik. *Bild*

O

Es ist einer jener Herbsttage, die man als unangenehm empfindet. Es sieht nach Regen aus. Zu dieser Stunde liegt O noch im Bett. Zudecken kann man ihn nicht. Einen Wecker verschmäht er. Karin erhebt sich und macht sich frisch. O richtet sich aus seinem schweren grünbezogenen Sessel auf und klopft dreimal auf den Tisch. Normalerweise ißt er fast alles. Er ist ein schlanker Typ, daher kann er essen was er will. Er ißt auch beinahe alles, nur Fisch ißt er nicht. O sagt: Fisch stinkt, und mag er noch so frisch sein. Auch Hühnchen und Hähnchen mag er nicht, ansonsten muß Karin keine Sorgen haben, ihren Mann mit mürrischem Gesicht beim Essen zu finden, er ißt beinahe alles. Natürlich kommt es vor, daß er nicht zu Hause essen kann. Dann ißt er unterwegs. Aber am liebsten ißt O zu Hause. Ohne Wagen kann er sich das Leben nicht vorstellen, und sei es nur ein VW. Der Jaguar schafft mühelos 250, er benutzt ihn als Stadtwagen, lila gespritzt. Für Ausflugsfahrten mit der Familie hat er noch einen Mercedes 280 SE. O blättert weiter im Wirtschaftsteil: Versicherungen, Immobilien, Bausparverträge, darin kennt er sich aus. **Und wann war Ihr schönster Tag**? wird gefragt. O antwortet: Es gab schöne Tage und weniger schöne. Die schönsten Tage sind immer die, an denen man sich in guter Form fühlt und viel Erfolg hat. **Haben Sie Tiere zu Hause, oder lieben Sie Tiere nicht**? Ich mag Tiere gern, antwortet O, Pferde und Hunde zum Beispiel. **Besichtigen Sie,** wird gefragt, **bei Auslandsspielen Museen, Kirchen und andere Sehenswürdigkeiten?** Oh antwortet O, manchmal haben wir Gelegenheit dazu, und das ist dann eine willkommene Abwechslung. **Was ist Ihr größtes Problem,** fragt man dann. Mein rechter Fuß, antwortet O. Am nächsten Montag antwortet O noch einmal. Es sieht nach Regen aus. O, der so herzlich lachen kann, schafft die rund 30 km lange Strecke bis zum Geißbockheim in rund 20 Minuten. Hinter der Gardine winken Karin und Marco. O lächelt ihnen zu und gibt Gas. Der Alltag hat begonnen.

Sorgen im Süden
Sorgen im Norden
keine Sorgen im Westen

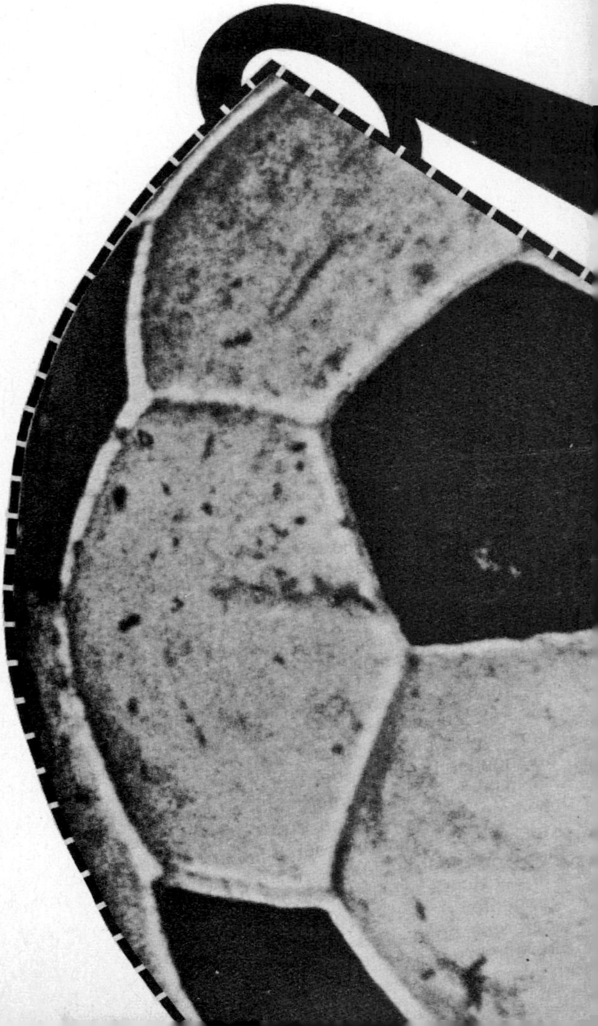

1
Alles gleitet jetzt
aus dem normalen
Rahmen heraus.

2
Keiner
weiß, was
auf einmal
los ist.

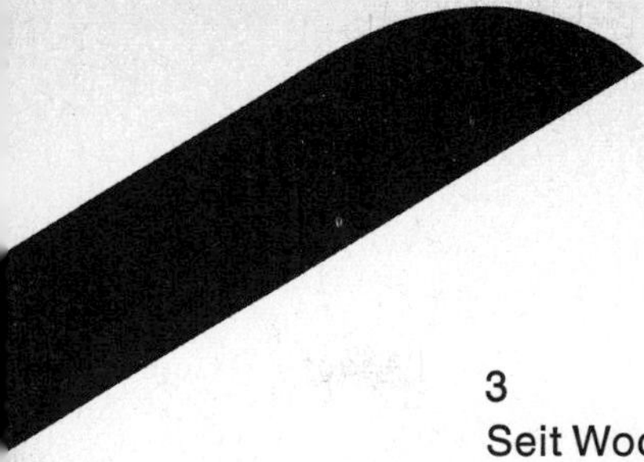

3
Seit Wochen knistert es.

4
Großer Groll
auf den Rängen,
aber
nichts Genaues.

5
Was ist los?
wird gefragt,
keiner weiß es.

6
Ribbeck winkt nur
auf diesem Bild
ab, aber in
Wirklichkeit
hofft er natürlich,
daß bald alles
besser wird, als
auf diesem Bild.
So ist es im Süden.

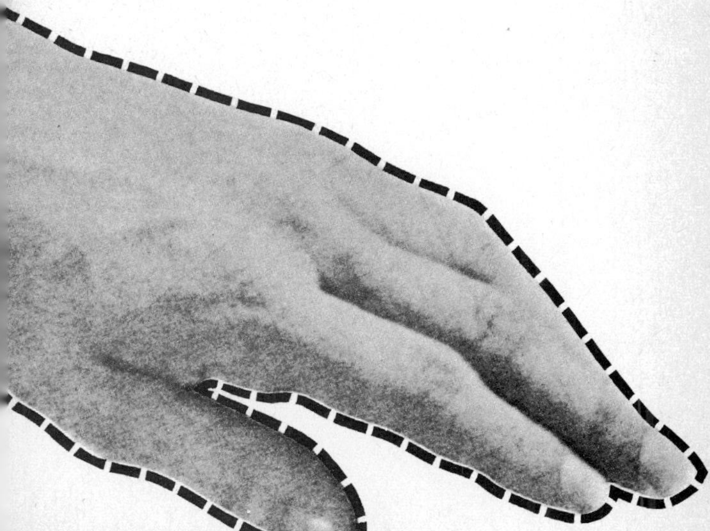

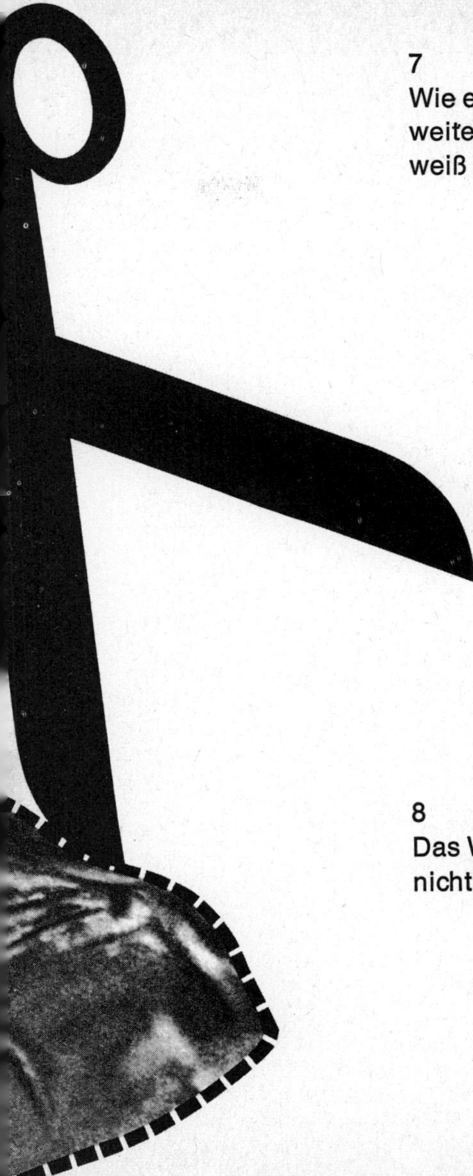

7
Wie es jetzt
weitergeht,
weiß keiner.

8
Das Wetter?
nichts Neues.

9

Vielleicht
haben
wir
später mal
Zeit,
zu
sagen,
wie
schlecht
es
im
Norden
aussieht.

10
Bis dahin ein paar Takte Musik.

Glasgow

plötzlich brach das Geländer vor mir zusammen, ich schrie nach hinten: bleibt wo ihr seid! aber das war nicht möglich, die Leute hinter mir wurden einfach vorwärtsgeschoben von den Leuten hinter ihnen, unter mir lagen sieben oder acht Männer und neben mir stöhnte jemand und blieb regungslos liegen, er war gestorben. Ich war also aufgestanden und war hinausgegangen und die anderen Zuschauer waren auf den anderen Seiten hinausgegangen, ohne zu merken, was sich da abgespielt hatte, sie setzten sich in die Autos, sie stiegen in die Bahnen hinein und fuhren nach Hause, und erst zu Hause erfuhren sie dann, was sich abgespielt hatte, fast mit dem Schlußpfiff. Jimmi Johnston von Celtic schoß das Einsnull. Die Rangers-Anhänger strömten zu den Ausgängen. Sie hatten gerade die steile Treppe erreicht, da schoß Colin Stein den Ausgleich für die Rangers. Die Zuschauer, die schon auf den Stufen standen, wollten zurück, und von oben wollten die andern zum Ausgang. So hatte es angefangen. Unter dem riesigen Druck war das Geländer geborsten. Ich wurde zwanzig Meter lang von der Masse mitgetragen. Über und unter mir Tote und Verletzte. Ich stand auf Menschen und konnte nichts dagegen tun. Ich versuchte mich rückwärts zu stemmen, aber es ging nicht, ich ging unter, später bekam ich den Kopf wieder frei und wurde gleich wieder überrollt. Neben mir ruderten die Menschen mit den Armen, sie schrien und traten um sich, aber sie sanken immer tiefer hinein, genau wie ich. Andere Körper schoben sich über mich, da fiel ich in Ohnmacht und als ich die Augen wieder aufschlug, sah ich in das Gesicht eines Toten. Plötzlich hörte ich Rufen und Schreien, und als ich mich umsah, sah ich einen drei oder vier Meter hohen Haufen Menschen liegen. Alle lagen in der gleichen Richtung, mit dem Gesicht zu mir. Ein Haufen von Köpfen und verzerrten Gesichtern. Hinterher waren meine Schuhe, Socken und Hosen blutgetränkt

Geld
oder wir ziehen die Schuhe aus

Der Schuhkrieg 1966–72

so
ist er
er stützt
und er sitzt
er schützt und
gibt Halt leicht
sicher und schnell
er gibt Halt er ist
standfest auch rutsch
fest das gab es noch nie
unter dreihundert Gramm so
schmiegsam mit Sehnenpolstern
und Fußformzungen die Klötzchen
stellung am Sohlenrand vermindert
Verletzung verbessert den Stand mit
fußbettfördernder Bodenausführung mit
Seitenteilen aus einem Stück auf Schnee
plätzen Eisplätzen mit gepolsterten Kappen
beim Schießen die Laufrillen schützen den Fuß
beim Schuß moosweich u. federnd beim Schuß O adida
aus Mastboxleder fugenlos mit dem Schaft ver
bunden da läßt er die Fußkraft voll wirken
mit den drei Riemen der Biegezone ja ja
beim Schuß mit vollendeter Sicherheit
der Griff in die Zukunft biegsam und
doppelt so haltbar und gar nicht so
teuer von allen Seiten adidas mit
weichem Auftritt es gibt keinen
Druck keine Stellen wohin man
auch sieht auf wessen Füße
man schaut man sieht kei
nen Druck keine Stellen
mit drucklosem Halt
im Fachhandel er
hältlich mit den
drei Riemen a
didas jawohl
so ist er
jawohl

so ist er so ist er flexibel und standfest
geschmeidig verschleißfest sitzt fabelhaft
selbst bei lockerer Schnürung der Fuß wird
umfaßt nichts drückt mehr kein Druck mehr
so ist er er biegt sich da wo es sein muß
das ist das Ergebnis das ist für die Zukunft
das gab es noch nicht aus feinstem Mastbox
O mit gepolstertem Kragen mit Saugstollen
wirklich in den Gelenken und Ballenpartien
geschmeidig und doch so fest wie ein Panzer
natürlich für nahezu alle Bodenverhältnisse
mit der PU-Sohle oder dem Puma-Form-Strip
mit der Puma Lastic 3 N-Sohle mit dem Loch
mit dem Loch mit dem fers-O-til O dem Loch
an der richtigen Stelle dem Fersen-Ventil
mit dem sensationellen Loch O ein Erlebnis
dem kraftvollen Schaft aus 1 A Campo-Calf
jetzt wissen sie warum wir sagen: so ist er
ja diesen Puma kann man nicht aufhalten
mit dem schußfördernden Vorderblatt
ja diesen Puma kann man nicht aufhalten
jetzt wissen sie warum wir sagen: so ist er
der kraftvolle Schaft aus 1 A Campo-Calf
mit dem sensationellen Loch O ein Erlebnis
an der richtigen Stelle dem Fersen-Ventil
mit dem Loch mit dem fers-O-til O dem Loch
mit der Puma Lastic 3 N-Sohle mit dem Loch
mit der PU-Sohle oder dem Puma-Form-Strip
natürlich für nahezu alle Bodenverhältnisse
geschmeidig und doch so fest wie ein Panzer
wirklich in den Gelenken und Ballenpartien
O mit gepolstertem Kragen mit Saugstollen
das gab es noch nicht aus feinstem Mastbox
das ist das Ergebnis das ist für die Zukunft
so ist er er biegt sich da wo es sein muß
umfaßt nichts drückt mehr kein Druck mehr
selbst bei lockerer Schnürung der Fuß wird
geschmeidig verschleißfest sitzt fabelhaft
so ist er so ist er flexibel und standfest

Hallo Köln

Brozulat, der Einbein-Dribbler mit Schlepperqualitäten, wird niemals die Zange sein, die gebraucht wird.

Schluß, meine Damen und Herren, nichts mehr zu ändern, Schwamm drüber, da läßt sich nichts machen, alles geht einmal zu Ende, man muß damit rechnen, obwohl es am Anfang gar nicht so aussah, auf meiner Uhr sind es noch fünf Minuten, Ecke von rechts:

Libuda tritt
oh das war Stiller
Helmschrot ist da
bitte na also

aus und zu Ende, nichts mehr zu machen, Schluß, meine Damen und Herren, damit genug für heute, zu mehr reicht die Zeit nicht, wir fassen zusammen:

einmal platschte ein Heber ans Holz
einmal rauschte ein Elfer darüber
einmal zischte ein Schlenzer vorbei
einmal tropfte ein Nicker daneben

das war es an diesem Tag, ein bitterer Schnitzer unter den milchigen Wolken, ein Dämpfer in dieser schwülen düsteren Luft, in dieser grellen prallen stechenden Sonne, durch diesen einfallenden drehenden wälzenden treibenden Nebel, gegen den steifen schneidenden peitschenden böigen stürmischen orkanartigen Wind, bei diesem einsetzenden anhaltenden starken heftigen klatschenden strömenden rauschenden wolkenbruchartigen Regen, über den schweren glatten feuchten stumpfen klebrigen seifigen pappigen tückischen schmierigen sumpfigen rutschigen glitschigen glasharten kräfteverzehrenden knochentrockenen über Nacht gefrorenen von Kratern durchlöcherten Boden, na also, das sagt eine Menge, die Zeit ging vorbei in dieser Schlammküche, in diesem Glutkessel, in diesem Schneebecken, der lahmende Bomber brauste heran, aber:

er drosch, anstatt zu schieben
er schob, anstatt zu knallen
er knallte, anstatt zu flanken
er flankte, anstatt zu dreschen

Pfosten
Latte
Drüber
Vorbei

so ist das im Fußball,
er wollte den Ball mit
der Zunge ins Tor lecken,
enttäuscht klopft er
jetzt auf den überraschend
grünen Rasen, das Ganze
noch einmal in Zeitlupe:

Pfosten
Latte
Drüber
Vorbei

so ist das im Fußball, die Luft war jetzt raus, der Ofen war aus, der Faden gerissen, es plätscherte jetzt ohne SAFT und KRAFT ohne PFEFFER und SALZ ohne DRUCK ohne DAMPF ohne WUCHT ohne SCHMALZ ohne DRANG ohne SCHWUNG ohne BISS ohne BUMMS, Stiller versank, Maas wurde abgedrängt, Gecks wurde zugedeckt, Löhr wurde kaltgestellt, Sturm wurde ausgestochen, Görts wurde abgemeldet, Patzke wurde verladen, Strich bekam keinen Stich, Netzer lag an der Kette, Gerwien sah nicht viel Land, Ohm klebte Wimmer am Hemd, Biskup ließ Wosab aussteigen, Rupp brachte wirklich kein Bein auf die Erde, der heruntertropfende Ball schlug Rühl in den Rücken, Starek warf seine Krücken hoch, alles sprang in die Luft hier im satten Ballungsgebiet bei drückender Hitze, aber mitten hinein in den Jubel krachte der Dämpfer:

Schämer schmetterte einen seiner beliebten
Fernschüsse aus dem Hintergrund heraus.
Im günstigen Moment hüpfte Heese aus
dem verstopften Strafraum unbemerkt in die

Mitte und krümmte sich in der Luft zu einem gewaltigen Kopfstoß

das war ein volles Pfund auf das Haupt des Meisters

das Volk fiel in lautlose Stille zurück

aber jetzt war der Knoten geplatzt, jetzt kam die große Wende, jetzt waren sie nicht mehr zu halten, jetzt hatten sie Blut geleckt, sie rammten und walzten mit dampfenden Hemden im Schmierseifensumpf und brachen jetzt durch mit den starken Spitzen durch die vom Westwind gepeitschten Regengardinen und bohrten sich jetzt mit dolchartigen Stößen in die wankende Abwehr hinein, der Berg brüllte auf, die gestreiften Lawinen wälzten sich urplötzlich schnell und steil gegen die Schwaben-Wand, die ganz zerrissen wurde und mit Axthieben zerklopft im brütenden Kampfkessel auf Biegen und Brechen von einem einzigen Wimmer-Paß aufgeschlitzt von einer Rasierklinge in dieser Matschschlacht und während die Punkte zerflossen, stießen sie immer wieder hinein in die klaffende Wunde und wühlten sich durch mit gewetzten Messern einmal und zweimal und dreimal mit beißenden Meißeln und Stoßkeilen und knirschenden Zangenaktionen in dieser Moorschlacht rollend und stampfend rechts links hinten vorne mit schweren krachenden Hämmern, die schwarzroten Sturzbomber brausten heran und zertrümmerten alles, was sich bewegte, die Meißel kratzen die Mauer auf, die Rothosen stürmten aus voller Brust und schossen aus allen Rohren, die Blauhemden mähten die Deckungshecken nieder und zerfetzten die erschlaffenden Gäste, ja meine Damen und Herren ganz kurz und bündig alles ist aufgebrochen zusammengedrückt in Grund und Boden gestampft, die dicken stählernen Riegel knacken, die Pfosten erzittern, die Gäste zerfallen zermürbt von stahlharten Schlägen zerhämmert aufgestemmt überrollt aufgeschnitten festgenagelt ausgeblutet zusammengebrochen zerrissen mit Zähnen und Klauen zerfetzt zerrieben zerklopft auf diesem Boden, das war der Sieg, jawohl, meine Damen und Herren, noch läuft die Uhr, die Fahnen brennen, die

Flaschen fliegen, aber sonst kam alles zu spät, dem vollen Haus bleibt nur das große Stöhnen

und wie geht es weiter?

es bleibt alles beim alten
Wosab bleibt drin
Rummel kommt raus
Starek muß gehen
Huberts Ade
Pause für Dulz
Patzke fällt aus
Fichtel muß warten
Wimmer muß weichen
Schulz ist wohlauf
Blusch ist gesperrt
Hasebrink fehlt
Pröpper ist fit
Trinklein noch nicht
Jung wird genäht
Hölzenbein kommt
Kulik sieht zu
Budde ist dran
Mumme macht Platz

was wird mit Schmitt?

Schmitt ist dabei

Gibt es noch etwas? nein, es gibt nichts, wir können aufhören, in Köln sah es schlecht aus, den Bayern ist das Kopfballproblem über den Kopf gewachsen, Hamburg ist in Bremen gestolpert, Essen staunte nicht schlecht, in Braunschweig knisterte es, in Schalke atmet man auf, die Spitze trat auf der Stelle, ein dürres Einseins, ein dickes Fünfnull, freundlicher Beifall, genug für heute, alles gelaufen, wie schon im vorigen Jahr:

eine Wimmer-Ecke
eine Bitz-Bombe
ein Heiß-Kracher
ein Wunder-Foul
ein Heese-Hammer

eine Rausch-Flanke
eine Bohnsack-Sense
ein Kleff-Patzer
ein Wüst-Knaller
ein Beer-Heber
ein Schnarr-Schnitzer
ein Horr-Tor
ein Pumm-Paß

ich glaube mit diesem Ausgang hat niemand gerechnet, die Überraschung ist jetzt perfekt, das Pech schlug gnadenlos zu, die Punkte sind also zerflossen, besondere Vorkommnisse keine, über weite Strecken betrachtet, mit etwas Glück hätten die Gäste, aber so ist das im Fußball, natürlich hatte die Hitze, natürlich war auch der Wind, der Regen hatte natürlich, wie das so oft ist im Fußball, doch alles in allem, im großen und ganzen, genauer betrachtet, jawohl, kann man sagen, am Ende kann man noch froh sein, Punkt ist Punkt, vergessen wir es, Schluß, meine Damen und Herren, Schwamm drüber, schnell noch ein Blick auf die Tabelle.

Zitate 5

Ich komme wieder. — *Klaus Fischer, Stürmer*

Jetzt bin ich wieder da. — *Bernd Hölzenbein, Mittelfeldspieler*

Jetzt haue ich wieder voll drauf. — *Gerd Müller, Stürmer*

Ich gehe wahrscheinlich fort. — *Hans Josef Kapellmann, Abwehrspieler*

Wenn wir drinbleiben, bleibe ich hier. — *Jürgen Grabowski, Stürmer*

Bei mir ist alles klar, ich gehe weg. — *Paul Breitner, Abwehrspieler*

Ich würde gern gehen. — *Horst Köppel, Stürmer*

Ob ich bleibe oder gehe, kann ich im Moment noch nicht sagen. — *Franz Roth, Mittelfeldspieler*

Wen es zum Fußball treibt, der geht. — *Sepp Herberger, Ex-Bundestrainer*

Vorläufig kriegt mich da keiner mehr hin. — *Ludwig Müller, Abwehrspieler*

Nie wieder. Nie im Leben wieder. — *Herbert Laumen, Stürmer*

Also dann am nächsten Samstag. — *Willi Schulz, Abwehrspieler*

Das habe ich nie gesagt. — *Max Merkel, Trainer*

Schiedsrichter

Schwierigkeiten auf fremden Plätzen

Als Anhänger des FC Bayern München besuchte ich das Bundesligaspiel zwischen der Frankfurter Eintracht und den Bayern. Mit Vereinsfahne und Vereinsmütze betrat ich das Waldstadion und stellte mit großer Verwunderung fest, daß mein Erscheinen die Zuschauer aufs höchste erhitzte: **Hier stinkts nach Saubayer,** war nur einer der Schreie, die, keineswegs scherzhaft gemeint, durch die Eintrachtecke halten. Schneebälle flogen mir andauernd um die Ohren, man versuchte auch, mir mittels Eintrachtfahne die Bayernkappe vom Kopf zu befördern und den Einsatz meiner Fahne zu verhindern. Der Übermut der Eintrachtfans wurde nach dem Tor zum 2 : 1 natürlich auf den Höhepunkt getrieben. **Was sagt der Saubayer jetzt,** brüllte man, um ein Gelächter folgen zu lassen. Derlei Zustände müssen meiner Meinung nach abgebaut werden.

K. S. aus Heppenheim

Was wir vor der von Hamburger Schlachtenbummlern belegten Tribüne zu sehen bekamen, war das trübste, was ich je erlebt habe. HSV-Fanatiker schlugen die Ordner des VfB zusammen. Polizeibeamte — als Hüter der Ordnung — wurden angespuckt. In der Kabine wurde ich einige der verdienten langjährigen Ordner den Tränen nahe gewahr.

S. R. aus Rathfelder

Als wir mit unseren rotweißen Fahnen im Stadion erschienen, sahen viele Zuschauer ganz rot, beschimpften uns auf das übelste und bespuckten uns sogar. Die Mißfallenskundgebungen gegen den 1. FC Köln erreichten in dem minutenlangen Sprechchor: **Overath Du Sau!** ihren Höhepunkt.

E. W. aus Forbach

Eine Gruppe von Zuschauern lieferte ein Beispiel mit Singen. Zielpunkt ihrer Gesänge war die Mannschaft des FC Schalke 04. Bereits bei der Ankunft wurden die Spieler mit dem Sprechchor: **Schalke Null Vier, Scheiße vom Revier** – empfangen. Man muß sich fragen, wann endlich die Veranstalter gedenken, den Ordnungsdienst gegen diese Elemente einzusetzen. Ganz sicher gerät bei weiterer Nachsicht der herrliche Fußballsport immer mehr in den Ruf, ein Sport des Pöpels zu sein.

G. C. aus Bad Sassendorf

Die Hetze gegen den 1. FC Kaiserslautern ist nicht mehr zu überbieten. Dieser Amokläufer aus Frankfurt, der von den Ordnern zu Ruhe und Ordnung gezwungen werden mußte, soll doch in Frankfurt seine Läufe für **Recht und Gerechtigkeit** starten. Vielleicht lieben Frankfurter solche Einlagen. Frankfurter Schlachtenbummler waren Stunden vor dem Spiel betrunken. Massenschlägereien, der Schädelbasisbruch eines 45 Jahre alten unschuldigen Mannes, der vor dem Spiel die Treppen hinabgestoßen wurde, waren die Folge. Und Sie bedauern einen armseligen Schläger, der gewürgt wurde. Man wird das Gefühl nicht los, der Leser soll nicht wissen, was auf dem Betzenberg wirklich passierte.

B. B. aus Landau

Der Mann gehörte übrigens zu jener Gruppe, die den Vortrag der amerikanischen Musikkapelle vor Spielbeginn durch Geschrei und Gejohle gestört hat und der schließlich auch zu jenem Haufen gehörte, der einen Zuschauer die Treppe hinunterwarf. Wahrscheinlich ist er auch der erwähnte Pistolenschütze. Er rannte dann schließlich noch aufs Spielfeld mit einem Schlagwerkzeug in der Hand. Was er dort vorhatte, läßt sich nur ahnen und ist nicht Wirklichkeit geworden, Dank dem Einsatz der Ordner und der Polizei, die unseres Erachtens noch viel zu zart mit dem Kerl umging.

G. H. aus Kirchheimbolanden

Nach Spielschluß passierte es dann. Wir wurden ungefähr von vierzig Essen-Fans eingekreist. Dann sollte ich: **Es lebe Rot-Weiß-Essen** ganz laut singen. Das tat ich jedoch nicht. Da riefen sie: **Ihr Braunschweiger Schweine.** Immerzu drohte man uns Kopfnüsse an. Einem Braunschweiger nahmen sie die Fahne weg und zerbrachen sie.

H. K. aus Braunschweig

Bei allem Verständnis — das ging zu weit.

E. D. aus Augsburg

Anzeige

---

gleich anfordern:

eine vollständige Fußballzuschauerausrüstung:
Regenmantel mit Kapuze und einem Chantre mit eingebauter Angriffstute.
Drei Mark frei Haus.

Publikum

HERTHA

10
Rammer
&
Brecher
Sonette

GRUNOST

1

Das ist der Anfang. Das ist der Beginn.
Die Wolken fliegen dort in der Natur.
Jetzt geht es los. Wir sehen auf die Uhr.
Jetzt setzen wir uns erst mal richtig hin.

Wir sitzen auf Papier. In diesem Sinn.
Wir warten ab. Vom Rammer keine Spur.
Der Brecher ganz allein auf weiter Flur.
Da sitzen wir. Es ist noch alles drin.

Es ist zwar schlimm, doch war es auch schon schlimmer.
Wir sehen schwarz im Schein des Abendlichts.
Die Nummer Neun hat keinen blassen Schimmer.

So sieht es aus am Anfang des Berichts.
Wir freun uns nicht so sehr, doch wie auch immer:
Das ist ja erst der Anfang und sonst nichts.

2

Morast und Schlamm und Sturm jawohl und Regen.
Der Regen fällt herab, als es beginnt.
Das Gras ist naß. Im Kessel braust der Wind.
Die Schirme gehen auf. Die Schauer fegen.

Es knarrt am Dach. Das Regenwasser rinnt.
Der Nebel schwebt. Man sieht sich was bewegen.
Es kommt jemand und jemand geht entgegen
Und jemand patscht vorbei und stochert blind,

Und stampft und dampft und hat ihn nicht erreicht.
Das Feld ist leer. Der Weg zum Tor verstopft.
Die Pfütze spritzt und jemand ganz durchweicht

Und jemand triefend dort und jemand tropft.
In dieser Suppe sieht man nun vielleicht,
Wie matt das Leder an den Pfosten klopft.

3

Der Meister wirbelt hungrig übers Feld
Und füttert seine Spitzen sehr geschickt.
Er tanzt durch alle Sperren, quirlt und zwickt.
Vom Flutlicht ist der Rasen jetzt erhellt.

Der Rammer zugedeckt und kaltgestellt.
Der Brecher auf der Linie, ganz geknickt.
Das Leder hängt im Netz, hineingenickt.
Im halben Lande stöhnt die Fußballwelt.

Der Trainer auf der Bank, man sieht ihn fluchen.
Sein Kopf sitzt locker und eventuell
Beißt man im Herbst schon in den Abstiegskuchen.

Der Rammer steht herum und ganz speziell
Den Brecher muß man mit der Lupe suchen.
Da muß sich vieles ändern und zwar schnell.

4

Das ist doch nein die schlafen doch im Stehen.
Das ist doch ist das denn die Möglichkeit.
Das sind doch Krücken. Ach du liebe Zeit.
Das gibts doch nicht. Das kann doch gar nicht gehen.

Die treten sich doch selber auf die Zehen.
Die spielen viel zu eng und viel zu breit.
Das sind doch nein das tut mir wirklich leid.
Das sind doch Krüppel. Habt ihr das gesehen?

Na los geh hin! Das hat doch keinen Zweck.
Seht euch das an, der kippt gleich aus den Schuhn.
Ach leck mich fett mit deinem Winterspeck.

Jetzt knickt der auch noch um, na und was nun?
Was soll denn das oh Mann ach geh doch weg.
Das hat mit Fußball wirklich nichts zu tun.

5

Wie lange noch? Vielleicht noch zehn Minuten.
Der Sturm hängt in der Luft, das ist beschissen,
Und wie es ausgeht, das kann keiner wissen,
Das weiß man nicht, das kann man nur vermuten.

Der Rammer rechts betastet den beschuhten
Geknickten Fuß, wir springen von den Kissen.
Der Brecher hat sich bis zum Schluß zerrissen.
Der Regen rauscht, die Schienbeinschützer bluten.

Ganz ausgepumpt und das Trikot zerfetzt
Und umgesenst. Da schweigen alle Lieder.
Der Stopper hat ihm wirklich zugesetzt,

Er geht in ihn hinein und sägt ihn nieder.
Die Pfeife schweigt. Kein Pfiff. Soviel für jetzt.
Am nächsten Samstag sehen wir uns wieder.

6

Doch jetzt der Rammer; er erkennt die Ritzen.
Es ist wie damals, wie im letzten Jahr.
Ich weiß zwar nicht mehr wie es damals war.
Er bohrt sich ein mit seinen Stiefelspitzen,

Um jetzt von rechts die Deckung aufzuschlitzen.
Dann macht der Brecher vorne alles klar.
Ein Tor wie aus dem Himmel, wunderbar.
Er sitzt und er erledigt das im Sitzen.

Der Pfeifenmann hat auf die Uhr geguckt.
Die Stimmung gut. Der Himmel ganz bedeckt.
Der Meister schwach, der jetzt zusammenzuckt.

Der Brecher hat den Ball hineingeleckt.
Dort springt er hoch, vom Jubel ganz verschluckt.
In der Kabine später schmeckt der Sekt.

7

Nun bricht der Brecher durch, er explodierte
Im Mittelfeld, der Rammer steht ganz frei.
Von den Tribünen hörte man Geschrei.
Und wieder schreit es, als der blutverschmierte

Genähte Rammer jetzt vorbeispazierte,
Ganz elegant am letzten Mann vorbei.
Im Sprung erwischt er mit dem Kopf das Ei,
Das ihm der Brecher seidenweich servierte.

Das war ein Pfund, das war ein kalter Schlag.
Der Meister wankt. So ändern sich die Zeiten.
Die Prämie steigt, das steht in dem Vertrag.

Der Vorstand sagt: das sind doch Kleinigkeiten.
Das wars. Und einen schönen guten Tag.
Noch mehr vom Fußball auf den nächsten Seiten.

8

Noch ein paar kurze Worte vor dem Ende:
Der Meister drückt, und vorne, ganz allein,
Wir schalten um. Man hört es wieder schrein.
Auf der Tribüne bläst man in die Hände.

Der Nebel senkt sich weich auf das Gelände.
Wir schalten um. Man hört es wieder schreien.
Er dreht sich kurz und löffelt ihn hinein.
Daneben aus. Jedoch schon kommt die Wende.

Der Brecher rechts, wer hätte das gedacht,
Er hämmert flach. Von der Betreuerbank
Springt man empor in dieser Regenschlacht.

Der Meister bäumt sich auf, doch er versank
An diesem Tag. Wir sagen: Gute Nacht.
Das war ein schöner Abend. Vielen Dank.

9

Hier ist der Punkt, wo wir zusammenfassen:
Der Brecher angeschlagen und zerschunden,
Er wankt hinaus. Nach diesen schönen Stunden
Da stehen alle auf, dort wo sie saßen.

Der Rammer mit dem Rücken auf dem Rasen,
Er wälzt sich schmerzverzerrt und wird verbunden.
Im dunklen Tunnel ist er dann verschwunden,
Der Schußfuß schwillt, damit ist nicht zu spaßen.

Er faßt sich an die Seite, wo es sticht.
Man drängt sich fort dort an den Spielfeldrändern.
Nun wird es Zeit, daß man mal davon spricht.

Wir schalten um. Es ist nichts mehr zu ändern.
Das war ein Schlag dem Fußball ins Gesicht.
Wir geben jetzt zurück zu unseren Sendern.

10

Das war es also, ich will nichts mehr sagen.
Ich habe schon genug davon gesprochen.
Erbarmungslos aus dem Korsett gebrochen:
Der Meister ausgemolken und zerschlagen.

Der Beifall kracht. Was gibt es noch für Fragen?
Nein, niemand fragt, denn die Tribünen kochen.
Der Rammer wird nach diesen dunklen Wochen
Hoch auf den Schultern naß hinausgetragen.

Die Bänke morsch, die Stufen bröckeln, Moos
Wächst auf den Rängen aus dem schwarzen Sand.
Kalt wie der Winter schlug und gnadenlos

Der Rammer zu. Der Meister ausgebrannt,
An diesem Tag, an dem der Regen groß,
Da schlich er still davon, weiß wie die Wand.

Neue Nachrichten

Ein 19jähriger Fußballspieler des B-Klassen-Vereins Kickers Worms hat einen Vereinskritiker zu Tode getrampelt. Das Opfer, ein 38jähriger Arbeiter, hatte über den Fußballclub des jungen Fußballers Arno P. gesagt: **Ihr seid doch Plattmacher. In die nächste Klasse steigt Ihr niemals auf.** Der Fußballer, der in seinem Club Rechtsaußen spielt, hatte ihn darauf niedergeschlagen und solange auf ihm herumgetreten, bis er sich nicht mehr rührte. Das Opfer starb vier Stunden später an schweren inneren Verletzungen.

Bild

Der BFC Preußen verteilte beim Freundschaftsspiel gegen die Amateure von Tennis Borussia an alle zahlenden Zuschauer eine Boulette.

Kicker

Ein halbes Ohr kostete das Weltmeisterschaftsspiel Deutschland : Italien den Kaufmann Alfons S. (38) aus Schnaitterbach. Bei Schnellingers Ausgleichstor sprang er hoch und stieß mit dem Kopf gegen den Kronleuchter, ein Lampenglas zersplitterte und schnitt ihm das halbe rechte Ohr ab.

Bild

Eine Auszeichnung für Uwe Seeler vor dem Spiel HSV gegen Hertha. Aus dem großen deutschen Rosenzuchtgebiet Halstenbeck-Rellingen bei Hamburg wurde ihm eine neue Rosenzüchtung überreicht, die den Namen **UNS UWE** trägt.

Kicker

Bei der Jahreshauptversammlung von Schalke 04 gab es Tumulte. Präsident Günther Siebert stellte den 300 erschienenen Mitgliedern die Vertrauensfrage, nachdem Ex-Nationalspieler Bernie Klodt starke Vorwürfe gegen Siebert erhoben hatte und dabei bewies, daß der Schalker Boß 60 000 Mark Mietgelder von Getränkeständen in der Glückauf-Kampfbahn in die eigene Tasche kassieren durfte. Die Mitglieder bekannten sich zu Siebert, Vorstand und Verwaltungsrat von Schalke setzten aber durch, daß Siebert in Zukunft nicht mehr kassieren darf.

Bild

In Stuttgart trainierten einige Fußballer auf ihrem Übungsplatz in Hedelfingen zu laut. Eine 45jährige Hausfrau griff deshalb kurzerhand zum Gewehr und feuerte aus dem Wohnzimmerfenster. Ein 25 Jahre alter Sportler brach mit einem Aufschrei zusammen, die Kugel hatte ihn in die Hüfte getroffen. Er liegt im Krankenhaus.

Kicker

Die Bundesliga-Mannschaft des 1. FC Köln bekommt schon seit Wochen Hilfe von draußen. Es ist ein Mann, der sich Amateur-Astrologe nennt, die Ergebnisse voraussagt und während des Spiels sogar mit einer Klingel vom Spielfeldrand aus vor Gefahren warnt. Der Mann heißt Wilhelm Ernst Richter. Er stand beim 2 : 5-Debakel gegen Gladbach hinter dem Kölner Tor und wollte mit einer Glocke warnen: Dreimal läuten bedeutet Gefahr (BILD berichtete darüber). Richter sagt heute über seine vergebliche Warnung: **Die Spieler konnten mich nicht hören. Neben mir trompetete einer so laut.**

Bild

Am vergangenen Sonntag wurde auf dem Fußballplatz der Stadt Carapicuiba im brasilianischen Bundesstaat Sao Paulo ein angesehener Bürger der Stadt wegen eines geringfügigen Vergehens zu Tode geprügelt. Der Kaufmann José Gomes da Silva war während eines Fußball-Lokalderbys über den weißen Grenzstreifen getreten, den die Zuschauer nicht überschreiten durften. Er wollte lediglich einen Sturm seiner Mannschaft auf das gegnerische Tor besser verfolgen. Sieben Militärpolizisten stürzten sich sofort auf ihn und begannen ihn mit ihren langen Schlagstöcken unbarmherzig zu verprügeln. Schließlich versetzten sie dem Halbtoten noch Fußtritte mit ihren schweren Soldatenstiefeln.

Frankfurter Rundschau

Peles Weltmeisterschafts-Schuhe, die er 1968 trug und die jetzt in einer Ausstellung in London gezeigt werden sollen, wurden mit ca. 60 000 $ versichert. Sein Trikot, das er bei seinem 1000. Tor trug, wurde mit 30 000 $ veranschlagt. Der Ball, mit dem er sein 1000. Tor schoß, ist ebenfalls mit 60 000 $ versichert.

Bild

Dettmar Cramer, im FIFA-Auftrage auf Asien-Tournee, zog sich in Hongkong einen Nasenbeinbruch und einen Muskelfaserriß zu. Wie das geschehen konnte, darüber war allerdings noch nichts zu erfahren.

Kicker

Der Mönchengladbacher Trainer Hennes Weisweiler rief Le Fevre beim Spiel gegen Hertha BSC zu: **Du mußt mehr nach innen gehen!** Doch Le Fevre, der etwas schlecht hört, blieb weiter an der Außenlinie stehen. Später erfuhr Weisweiler den Grund. Le Fevre hatte den Hertha-Verteidiger Patzke gefragt, was Weisweiler gerufen habe, und Patzke hatte geantwortet: **Du sollst schön außen bleiben.**

sport-illustrierte

Die große Jagd kann beginnen. Die Jagd auf die Rowdys in den deutschen Fußballstadien. Gewarnt durch den Skandal beim Südregionalligaspiel Fürth gegen 1. FC Nürnberg (dort hatten Fanatiker durch Schießen mit Raketen einen Spielabbruch erzwungen), wollen auch die Bundesliga-Clubs härter durchgreifen. Und zwar mit **Kopfprämien** für erwischte Raketen-Rowdys. Beim FC Schalke 04 steht die Kopfprämie auf 100 Mark. Außerdem erhält der Erwischte Platzverbot auf Lebenszeit.

Bild

Zum Abschiedsspiel des dreifachen Nationalspielers Hartmut Heidemann, MSV Duisburg, soll die gesamte westdeutsche Fußballprominenz erscheinen. Nur die Bayern-Stars wurden nicht eingeladen. Das hat seinen Grund. **Ich hasse die Bayern und vor allem den Bazi Beckenbauer. Warum, das vermag ich**

nicht zu begründen. Ich konnte ihn schon von Anfang an nicht leiden, sagt Heidemann. Der Haß gegen Beckenbauer und alle Bayern-Spieler ist Heidemanns Meinung nach nicht unbegründet: am 5. Januar 1970 schoß Beckenbauer einen Freistoß mit voller Kraft. Der Ball flog allerdings nicht ins Tor. Er traf aus ein paar Metern Entfernung den Kopf Heidemanns. Der Stürmer ging für Minuten zu Boden. **Wenn ich dem Bazi auch nicht unterstellen will, daß er das mit Absicht getan hat, so habe ich doch seine Genugtuung über diesen Volltreffer in seinem Gesicht abgelesen und mich in den nächsten Spielen danach gerichtet.** Bei einem Nationalmannschafts-Lehrgang ließ Beckenbauer Heidemann ausrichten, daß er nunmehr in der Lage sei, ihn aus einer Entfernung von 30 Metern k. o. zu schießen.

sport-illustrierte

Wir schalten noch einmal um

Sehnenriß
Bänderriß
Knochenriß
Kapselriß
Innenbandriß
Kreuzbänderriß
Bauchmuskelriß
Muskelfaserriß

Furler:
dankeschön, hier gibt es im Augenblick nicht viel zu sagen, deshalb schalte ich um nach München zu Oskar Klose. Hallo Oskar Klose, hören Sie mich?

Klose:
ja ich höre Sie, Adi Furler, und mache weiter. Und da es hier nichts zu berichten gibt, gebe ich jetzt hinüber zu Ihnen nach Stuttgart. Hallo Peter Klein, wie sieht es bei Ihnen inzwischen aus?

Fußbruch
Knöchelbruch
Rippenbruch
Jochbeinbruch
Schienbeinbruch
Kiefernbruch
Schädelbruch
Ellenbogenbruch
Nasenbeinbruch
Handrückenbruch
Oberarmbruch
Unterarmbruch

Rißwunden
Schürfwunden
Platzwunden
Fleischwunden
Fußwunden
Stirnwunden
Kniewunden

Leiste
Leiste
Meniskus
Meniskus
Meniskus

Knochenabsplitterungen
Oberschenkelgeschwülste
Oberlippenverletzungen
Brustkorbquetschungen
Achillessehnenentzündungen
Absprengungen am Fußwurzel-
knochen, plötzlich war auch das Schulter-
klavikulargelenk gesprengt, Oberschenkel

Furler: ich glaube, wir können
jetzt umschalten, der Rasen
ist in einwandfreiem Zustand.
Das Wetter, wie ist das Wetter bei Ihnen?

Klose: oh das Wetter ist ausgezeichnet. Der Rasen macht einen
sehr guten Eindruck. Und jetzt
hinüber zu Ihnen. Wie ist
das Wetter bei Ihnen?

Klein: vielen Dank, das Wetter ist
wirklich sehr gut, der Rasen
ist ideal. Ich glaube ich
gebe erst einmal zurück.
Was gibt es Neues bei Ihnen?
Was gibt es Neues Adi Furler?

Hüftprellung
Brustprellung
Schulterprellung
Vorfußprellung
Augapfelprellung
Schienbeinprellung
Steißbeinprellung
Hüftgelenkprellung

Hüftgelenkverrenkung
Sprunggelenkentzündung
Kreuzbanddehnung
Wadenmuskelzerrung
Oberschenkelquetschung
Ellenbogenverrenkung
Schultergelenkabsplitterung
Schlüsselbeinsplitterung
Absplitterung an den Gelenkkapseln

Klein: danke Oskar Klose, hier ist
auch nichts passiert inzwischen, deshalb schalte ich
jetzt erst einmal zurück nach
Köln ....
.... jetzt
kommt die Umschaltung, einen
Moment ....
nein .... die
Umschaltung klappt nicht,

und Bauchgegend waren aufgerissen, Blut spritzte aus dem Fuß, es quoll durch den von einem aus dem Stollen herausstehenden Nagel aufgerissenen Schuh. Er wälzte sich plötzlich schmerzverzerrt nach einem Tritt in die Magengrube, plötzlich rieb er sich röchelnd den Knöchel, er hielt sich das dicke Knie, alles war plötzlich geschwollen, das mit Blut überströmte Gesicht auf der dünnen Schneedecke, schmerzverzerrt, er betastete den gebrochenen Kiefer, die aufgerissene Wade, den aufgeschlitzten Spann, den ausgekugelten Arm, das geschwollene Jochbein, die ausgerenkte Schulter, den gesplitterten Knöchel, den gebrochenen Knochen, den offenen Kopf . . . . .

Furler: **ja, hier ist Köln. Hier sind wir wieder, meine Damen und Herren.**

Klein: **wie sieht es bei Ihnen aus?**

Furler: **na ja, bei uns sieht es der Situation entsprechend aus. Es ist alles beim alten geblieben. Ich gebe jetzt weiter deshalb nach München, zu Oskar Klose. Oskar Klose, hat sich bei Ihnen etwas verändert in München?**

Klose: **nein, Adi Furler, es hat sich gar nichts verändert bei uns, wie Sie hören können, noch zwei Minuten sind hier zu spielen, und es sieht ganz so aus, als ob nichts mehr geschehen würde. Ich gebe deshalb noch einmal zurück zu Ihnen.**

Furler: **und da auch hier nichts mehr geschieht, schalte ich gleich weiter zu Peter Klein nach Stuttgart . . . . . Hallo Peter Klein, wie sieht es bei Ihnen aus? Ist noch etwas passiert in den letzten Minuten?**

. . . . . aber das soll uns nicht weiter stören. Wir versuchen es später noch einmal . . . . .

. . . . .

vielleicht kommen wir diesmal durch. Wir rufen Köln. Köln bitte melden.

. . . . . der bärenstarke Nogly bohrt seinen Schädel in den Hinterkopf von Siemensmeyer, Siemensmeyer fällt um und Nogly marschiert einfach weiter, oh das war hart, jetzt, drei Minuten vor Schluß, und Heese sinkt in den Schnee, nach dem Zusammenprall, das war doch nicht nötig, mit den Köpfen zusammengekracht, und Netzer wird umgesägt, das Bein ist offen bis auf den Knochen, aber der Pfiff bleibt aus, das müßte verboten sein, der Tritt hat Kostedde beinah den Kopf abgerissen, Rupp humpelt, ein böses Ding, mit hühnereidicken Prellungen am Schenkel, das muß doch nicht sein, Diehls Knie schwillt und schwillt, Sengers Fuß, der sonst nach vorn zeigt, steht jetzt nach hinten, wimmernd und wälzend am Rande behandelt oh meine Damen und Herrn . . . .

. . . .

. . . er tupft sich mit einem Wattebausch das Blut vom Gesicht, die Schwellungen klingen ab, die Blutergüsse verschwinden, alles ist auf dem Wege der Besserung, der Abriß am Hinterhorn des linken Meniskus stellt sich als glatte Sache heraus, alles wächst wieder zusammen, die Fäden werden aus dem genähten Bein gezogen und alles ist wieder eingerenkt, vom Gipse befreit, alles wohlauf, alles gesund und munter, unversehrt,

Klein:
nein, hier ist nichts mehr passiert, wir warten hier auf den Schluß, der jeden Moment kommen muß . . . .
da ist er, der Schluß, meine Damen und Herren, wir verabschieden uns und geben zurück in die angeschlossenen Sender.

unverwüstlich, er springt von der Bahre herab, die Binden sind abgewickelt, kein blutiges Wochenende, es sah alles schlimmer aus, als es war.

Zitate 6

Herr Merkel, Sie sind ein Stinkfisch.	*älterer Herr aus Duisburg*
Max, Du bist eine dreckige Sau!	*Duisburger Zuschauer*
Haben Sie nun endlich die Schnauze voll, Sie elendes Schwein?	*Nürnberger Zuschauer*
Na Du dreckiger Meistermacher, jetzt bleibt Dir wohl die Kinnlade stehen.	*jugendlicher Zuschauer aus München*
Aber sonst: Max Merkel ist schon in Ordnung.	*W. B. aus Gießen*
Merken Sie nun endlich, was los ist, Sie Lump. Sie haben Nürnberg auf dem Gewissen.	*Nürnberger Zuschauer*

Max Merkel will es einfach nicht einsehen: Max Merkel steht auf. Er ist die Ruhe selbst. Er behält die Ruhe und sagt keinen Ton. Kein Ton kommt über seine Lippen. Er preßt die Lippen zusammen und schweigt. Max Merkel hat nun das Wort: Fußball ist wunderbar, sagt Max Merkel.

Eintracht erwache!

Mann Dicker du Pflaume **JUU JU JU JU JUSUFI**
nun geh doch nach Hause **DU SPIELST HEUTE**
O der macht doch na guck mal **SCHÖN WIE NIE**
TUN was macht denn die Krücke **JU JU JU JU**
MIR DIE der läuft doch spazieren **JUSUFI**
AUGEN WEH da fragt man sich wirklich **JAA**
WENN ICH EIN der fällt doch gleich um da **JA**
TRACHT SPIELEN der schläft doch der pennt ja
SEH OH TUN ach Leute das wird nichts **HAUT**
MIR DIE der fummelt der Nickel **SE HAUTSE**
AUGEN ein Saft Mann ein Käse **HAUTSE AUF DIE**
WEH aus Einwurf nein Ecke **SCHNAUZE HAUTSE**
O jetzt Schämer wo ist er **HAUTSE HAUTSE AUF**
wo ist denn der Schämer **DIE SCHNAUZE HAUTSE**
der ist gar nicht da was **HAUTSE HAUTSE AUF DIE**
wo bleibt denn die Blüte **SCHNAUZE HAUTSE HAUT**
da ist er hau drauf Mann **SE HAUTSE AUF DIE**
UND los Lothar jetzt Hammer **SCHNAUZE HAUT**
SPIELT jetzt rauscht es paß auf du **SE HAUTSE**
DIE EIN hau drauf Mann na was denn **HAUT**
TRACHT NOCH das muß man sich ansehn **SE**
SO SAUER WIR das ist doch nicht möglich **O**
BRAU CHEN nun guck doch den Heese **JUU**
KEI NEN ach schlaf doch zuhause **JU JU JU**
BECKEN na Kerl du mußt laufen **JUSUFI LEG**
BAU auf los gehts Mann Tempo **DEN RADI ÜBERS**
ER den hast du na komm schon **KNIE JU JU JU JU**
bleib dran Kalb direkt jetzt **JUSUFI JA JA JA**
und wieder kein Mensch da **JUU JU JU JU**
und vorne ist Ende **JUSUFI**

.... der Mann hat die Ruhe .... ach Junge
nun mach doch .... na hör mal der hat wohl
.... nun guckt euch den Mist an ....
der gibt doch nicht ab Mensch .... na Wirth
was wird das denn .... und das auf dem Boden ..
..............paß auf jetzt von hinten ....
was macht denn der Huberts ....
.... der bleibt doch glatt stehen ....
ja Mann du mußt laufen .... los lauf doch
Grabowski .... der sieht nicht was los ist
.... na endlich jetzt Tempo ....
ja Nickel den hast du .... paß auf jetzt passiert
es .... gib ab Mensch nach außen ....
das ist nicht zu fassen ....
.... der trifft doch den Ball nicht ....
.... das ist doch nicht möglich ....
jetzt pfeift der noch Abseits ....
.... der hat doch nicht alle ....

....

.... komm Kissel jetzt gehn wir

....

das ist es gewesen ....

....

....................komm weg von dem Fenster ....

....

.... macht Schluß mit der Scheiße ....

....

.... wird Zeit daß das aus ist

....

.... aus

Fünf Hinweise zur Lage

wie ist die Lage?
die Lage ist gut
wir haben keine Angst
wir haben nie Angst gehabt
wir werden keine Angst mehr haben
wir brauchen keine Angst zu haben
wir haben nur ein bißchen Angst
wir sehen die Dinge wie sie sind
wir lassen uns etwas einfallen
wir machen uns keine Sorgen

wie ist die Lage?
die Lage ist gut
wir packen nicht ein
wir geben nicht auf
wir sprechen noch mit
wir steigen nicht ab
wir schaffen es schon
wir bleiben ganz vorn
wir sind bald am Ziel
wir sind überzeugt

wie ist die Lage?
die Lage ist gut
wir zittern nicht mehr
wir haben gut lachen
wir wollen es wissen
die Wende wird kommen
der Knoten wird platzen
die Serie wird reißen
wir haben noch Hoffnung
das wirft uns nicht um

wie ist die Lage?
die Lage ist gut
wir sind aus dem Keller
wir steigen nach oben
wir kommen ans Fenster

wir bleiben auf dem Teppich
bei uns geht es aufwärts
bei uns rollt es wieder
bei uns brennen alle
wir sind nicht verloren

wie ist die Lage? die Lage ist gut
wir beißen jetzt zu
wir machen sie fertig
wir knacken sie schon
wir werden sie rupfen
wir ziehen sie ab
wir putzen sie jetzt
wir hauen sie in die Pfanne
wir verzehren sie heute im Nebel

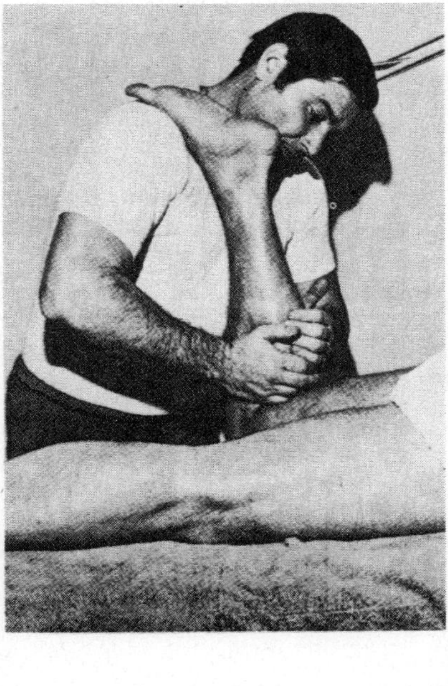

Unter uns, die Welt ist doch
kein Fußball. Und wenn schon.
Richard Kirn

Neues aus den alten Zeiten

Wie gesagt, das fiel mir am Mittwoch ein, als ich mich auf den Weg zu REAL machte, ich habe das nicht vergessen. Lohrmann im Tor, mein Gott, wie man manche Tage in Erinnerung behält, es war März 22, auf einem Lastwagen, Seiderer war auch dabei, und ein anderer Name ist mir noch in Erinnerung: Fuchs. Fuchs, aber schon bin ich im Zweifel, ob er wirklich gespielt hat, ich sah ihn zuletzt im Fernsehen, einen mächtigen, aber bleichen und aufgeschwemmten Menschen, der sicherlich krank war, und Siegler sah aus wie ein Sioux, mit eleganten Halbschuhen, diese Hitze vergesse ich nie. Nach dem Spiel, das damals verloren ging, liefen wir noch ein Stück und sprachen vom Jahr davor, damals war alles so ähnlich gewesen, nur daß es ganz anders war in diesen Regengüssen, am ersten Oktober, eine schreckliche Nacht, wir stiegen ein paar Treppen hinauf und ich erinnerte mich in diesem Moment an einen Julitag, da lief ich mit Schmidt durch Stuttgart und wir stiegen die Treppen hinauf, und an diesem Tag blieb er plötzlich stehen, weil es ihm einfach zu dumm war, weiterzugehen, in dieser Hitze, und Schmidt sagte: also gehen wir wieder hinunter, ich habe ihn in seinen größten Tagen gesehen, manche sagen, er wäre dem Philipp ähnlich gewesen, auf einem Photo sind beide zu sehen, Philipp hatte die Hände auf englische Art in die Hosentaschen versenkt, Bumbas Schmidt steht zwischen Bös und Träg, er war ein anderer Typ als Hans Hagen, wenn auch der Unterschied nicht zu groß war, wir gingen damals die Treppen wieder hinunter in Stuttgart und er erinnerte sich plötzlich an den Winter vor zwanzig Jahren, und daran, was sich an einem grauen Nachmittag abgespielt hat, er hatte das nicht vergessen, heute ist es nicht mehr genauso, aber doch ähnlich, na wie auch immer, sein weiteres Schicksal habe ich aus dem Auge verloren, auch das von Fritz Balogh, er stürzte auf geheimnisvolle Weise aus einem D-Zug, es hieß, er habe sich in der Tür geirrt, und vielleicht wäre es auch mit Leinberger nicht zu Ende gegangen, oder mit Schnürle, er spielte in Teplitz und Prag und quälte sich später als Trainer herum, eines Tages sah ihn jemand an einer Bahnsteigsperre in Pforzheim, er humpelte an zwei Stöcken, und eines Tages stand er im Polizeibericht: unbekannter Toter aufgefunden. Er hatte sich umgebracht. Immer wieder fängt es gut an, und wie es aufhört, das weiß man, so etwas bringt nur die Wirklichkeit hervor und davon wird nichts mehr übrigbleiben eines Tages, wie an diesem ersten Oktober, von dem ich gesprochen habe. Es kann aber auch umgekehrt kommen, wie etwa in Mannheim, der FSV, der noch im gleichen Jahr, nämlich 25, gegen den Club ins Endspiel kam und erst in der Verlängerung verlor, ging damals im Schnee an den Brauereien unter, im blauweißen Sturm standen Herberger, Meißner und Höger, aus den hinteren Reihen weiß ich noch Deschner, der lange Au, der lebt und dem es gut geht, im Tor stand Hügel, und ein anderes Mal, was ich nie begreifen werde, ein böser heißer Tag, durch den Sand wühlten sich Träg und Ludwig vergebens, Stuhlfauth mußte zweimal hinter sich greifen, da kann einer lange fragen, und daß es früher besser gewesen ist, darf man ohnehin keinem erzählen, in einem Punkt ist es jedenfalls immer noch so, die Hitze erinnert mich jetzt daran, wann regnete es damals schon einmal. Immer in flammender Hitze, Resi Franz und Seiderer, die Bilder von Bahren, auf denen man sich davonschleppte, 1925, oder in Düsseldorf, 35, zehn Tore, Schalke gegen Stuttgart, das ist alles vorbei, heute regnet es meist in Strömen, ich habe darüber nachgedacht, weil jetzt so oft davon die Rede ist, von den Jahren, von denen wir wissen, daß sie gar nicht so waren, und da muß natürlich auch der Name Rutz fallen, in einer schneedurchwehten Nacht, oder Münzenberg damals in Aachen, dann fällt mir ein sanfter Sommertag ein, ich habe noch in Erinnerung, zwei Spieler, die nicht einmal mitspielten, sondern zuschauten, der eine war Puskas, der andere Szymaniak, er trug eine grüne Joppe, auch das weiß ich noch, und daß ich mich fragte, was er in diesem

Moment wohl denken würde, Puskas aber saß in einem blauen Tuchanzug da, wie er ihn immer liebte, ich weiß nicht, warum er damals nicht spielte, damals fiel mir auch auf, wie sich das Bild geändert hatte und daß die Ungarn damals schon nicht mehr die alten waren, kurzum, ich gebe zu, daß ich damals fast wie betäubt war, wir saßen zusammen in einem Lokal in Bad Reichenhall, man schrieb Juli 64, an einem ganz hübschen Tag, ich saß an einem Tisch mit Schmetzer zusammen mit ungezählten Spielen auf dem Rükken, wir erinnerten uns plötzlich an einen unvergessenen Abend in Frankfurt, an die letzten drei Minuten, in denen alles entschieden wurde, oder später im regenklatschenden Köln, was kann denn schon passieren in den letzten drei Minuten in der kühlen Nachtluft, sagten wir uns, doch es kam ganz anders, wie es ja so oft ganz anders gekommen ist, ich unterhielt mich damals eine Weile mit Münzenberg und habe folgendes Wort nicht vergessen, gleichgültig, und auf dem Heimweg fragte ich ihn nach dem Schicksal der Spieler, welcher Spieler? fragte er, mein Gott, sagte ich, der Spieler dieser Zeiten natürlich, die nie wiederkommen, ach so, sagte er, die meinst Du, und auf diesem Heimweg, den ich später beschrieben habe, fiel uns plötzlich ein Nachmittag in Berlin ein, von dem jeder sagte, daß er ihn nicht vergessen hätte, 59, und nach ein paar Schritten kam uns wieder ein Tag ins Gedächtnis, Eisschlamm und Schneepolster, und irgend jemand gab an diesem Abend zu bedenken, daß es immer schon so gewesen sei, vor allem weil der Winter in diesem Fall eine entscheidende Rolle gespielt hatte, ehrlich gesagt, von mir aus, bitte schön, wenn Sie wollen, das war eben so, man denke da nur an den Samstag, an dem ich mit Popp noch ein Stück durch den schönen Abend ging, daß ich nicht lache, sagte ich, und dann lachten wir beide zusammen, weil da wirklich die Stelle war, wo es etwas zu lachen gab, und wir dachten dann an den Mittwoch davor, an die ganze Woche, eine ganz kalte Woche, später allerdings wieder an einen brüllend heißen Montag, später an nichts mehr, wir lachten nur noch diesen ganzen Weg lang und erinnerten uns an nichts mehr, und als wir uns ein paar Jahre später wieder trafen, erinnerten wir uns an dieses Lachen, wir gingen ein Stück, Popp sagte, das sei doch nicht möglich und er erzählte, wie sie sich Zeitungspapier unter die Strümpfe gestopft hätten, die Torhüter hätten damals Stahlkappen unter der Mütze getragen, nur Stuhlfauth nicht, er hielt mit dem Bauch, und was dort vorbeiging, das ging auch am Kasten vorbei, ich sah den einsamen Mann davongehen, lachend, im schneidenden Wind, das kann doch nicht möglich sein, rief er zum Abschied, dann ging ich den ganzen Weg wieder zurück und mir fiel ein, wie wir alle zusammensaßen, auf der Schaukel saß Rahn und Fritz Walter stand auch in der Nähe, und Turek wirkte rundum gemütlich, gar nicht wie der Mann, der alleine in den letzten drei Minuten Puskas so entnervt hatte, daß der Major sich hinwarf und mit den Fäusten auf dem nassen Rassen herumtrommelte, alles war wieder da, der Regentag, alles von damals, man unterschätzt das meistens, oder man überschätzt es, jenachdem, ich weiß nur, heute ist alles kälter, das sowieso, aber es ist noch etwas anderes, auf dem Rückweg kam mir noch einmal ein Tag in den Kopf, der Boden war kochend feucht, der Regen spritzte, und jemand, mit dem ich damals ein kleines Stück ging, sagte: Sie haben es gut, daß Sie das alles noch erlebt haben, in der eisigen dunklen Nacht auf dem Weg zum Bahnhof sagte er, Sie haben es gut, und weil ich gerade den Namen Kupfer erwähnt hatte, sprach ich von unserem letzten Zusammentreffen, einmal, am Freitag, kalt kalt, und einmal am Dienstag noch kälter aber dann war plötzlich die Sonne doch wieder da und ich war auf dem Weg zum Platz und es war wie damals, als wir hinterher oft zusammensaßen, um den Tisch herum, ich werde ihn immer in Erinnerung behalten, und mit diesen Gedanken ging ich weiter und wunderte mich, daß jetzt wieder Schneefall einsetzte und über den schwarzen Rasen trieb und plötzlich am Tisch jemand sagte: in Stuttgart haben sie wieder verloren.

Zitate 7

Von oben sieht alles ganz anders aus.	*Hans Tilkowski, Torhüter*
Ich bin in der Mitte besser.	*Bernd Lorenz, Stürmer*
Laßt mir das Blickfeld frei.	*Wolfgang Scheid, Torhüter*
Ich lebe zu Hause in meinen vier Wänden.	*Franz Beckenbauer, Abwehrspieler*
Ich bin glücklich, ein Stück von Beckenbauer zu besitzen.	*Herr Zipfelsberger, Gewinner des bei einer Tombola verlosten Trikots mit der Nummer 5, das er an die Wand seines Wohnzimmers genagelt hat.*
Pfeifen begeistert und macht mich glücklich.	*Hans-Joachim Weyland, Schiedsrichter*
Kraft in den Teller, Knorr auf den Tisch.	*Helmut Haller, Mittelfeldspieler*
Geh zu Fuß nach Hause, damit Du weißt, wie weit das ist.	*Zuschauer zu Haller, nach dem Spiel gegen Marokko in Leon.*
Es nimmt kein Ende.	*Sepp Herberger, Ex-Bundestrainer*
Erst nach neunzig Minuten ist Schluß.	*Uwe Seeler, Stürmer*
Der Uwe ist spitz geworden.	*Ilka Seeler, Ehefrau des Nationalspielers*

Ich habe mich dafür entschieden, nicht zu singen.	*Uwe Seeler, Stürmer*
Wer kann das vorher wissen?	*Helmut Schön, Bundestrainer*
Kein Kommentar.	*Max Merkel, Trainer*
Aufhören!	*Unbekannter Zuschauer*

Hinaufsteigen

Hinaufsteigen. Plötzlich hinaufsteigen in die Luft aus dem Gewühl heraus, plötzlich mit Schwung aus der Kabine heraus hinauf in die Luft steigen, plötzlich heraus aus der Ferne kommen, das Leder über das Land schlagen, weit über den trockenen Boden, in dieser atemlosen Stille im Sprung in die Luft aufwärts nach oben steigen, sich krümmen, zusammenziehen und ausstrecken, plötzlich über der Erde flach traumhaft fliegen, der Wind ist verstummt, plötzlich das Blei aus den Beinen schütteln und prachtvoll über den Flügel kommen, dem Schatten entwischen, unheimlich schnell heranbrausen, plötzlich mit zwei drei Zügen von hinten heraus über die Mauer hinweg unwiderstehlich hinaufsteigen, ganz allein eine Zeit in der Luft liegen, eiskalt ohne Sorgen hinaufsteigen, mit dem Wind in die Luft fliegen samstags in letzter Minute, die Aussichten gut, und plötzlich hoch in die Wolken steigen, auf und davon, das ist es, was ich noch sagen wollte.

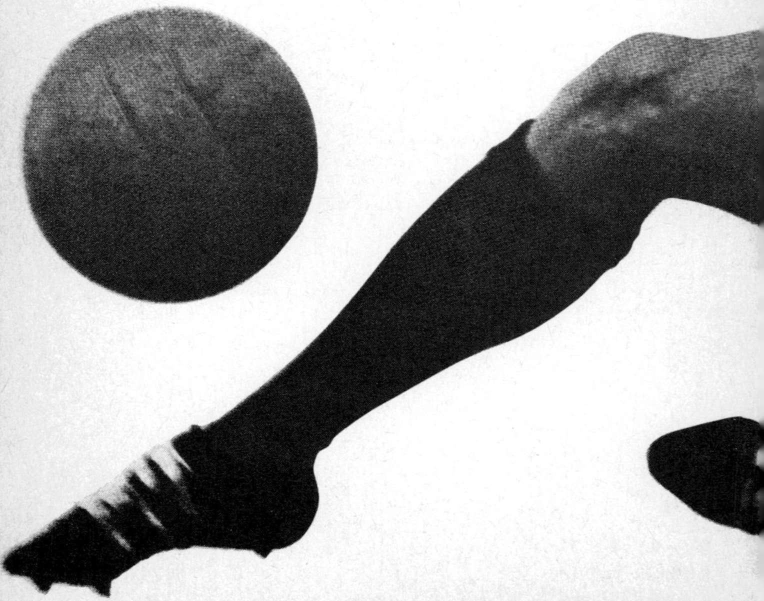

Wie sich die Zeiten doch ändern. Aber vielleicht ändern sie sich wieder.
Max Merkel

Die heiße Luft der Spiele

1

Keiner kam mit dem Kopf so schnell hoch, wie Kern, genannt der Drücker, kurz nach dem Krieg übersprang er alle, dabei war er klein, jedenfalls war er nicht groß, und immer war er schon da mit dem Kopf, das war eine Aufregung, ich weiß noch wie Puruker mit einem Koffer ankam und sagte, darf ich mich vorstellen, mein Name ist Puruker, wir sind aus dem Bus gestiegen und losgesaust auf die Tribüne, das war in Mailand, der Schmauch rief: mach doch, na mach doch, was soll ich denn machen? rief ich, die haben uns eingeschmiert und in die Pfanne gehauen, aber acht Tage später, gegen Juventus, die Leute haben kein Bein auf den Boden gebracht, so hatten wir sie im Sack, mit Hamal im Tor, einmal riß er sich blitzschnell die Sportmütze ab und köpfte im Sprung Facchetti den Ball vom Fuß, das Geld ist gerollt wie noch nie, ein verbreitetes Übel waren die Fußpilze, auch Sportflechten genannt, die sich durch Jucken und Brennen zwischen den Zehen bemerkbar machten und über den Fußrücken wuchsen, aber wir sind marschiert, ganz egal, von Anfang bis Ende, die Eintracht kann ein Lied davon singen, mit Pfaff, Kreß und Stein führten sie einmal fünfeins gegen uns, doch wir gewannen sechsfünf, das ist nur ein Beispiel, und gegen die Kickers, mein Gott der Nuber, hinten und vorn, doch Nuber war einsam, und wenn ich an Turek denke, der kam wie aufgepumpt, wir hatten keinen Grund traurig zu sein, und eines Tages sagten wir uns, so wie es bisher war, kann es nicht weitergehen, also fingen wir an, mit vier Stürmern zu spielen, ich war der Schlepper, der Schwingo war Ausputzer, damals zogen wir jeden ab, Boldini stürmte bei uns, ein Junge mit großen abstehenden Ohren, er hieß Boldini und war ein genialer Brecher und Reißer und Torschmetterer, aus vollem Lauf schlug er die Bomben krachend unter die Latte, so war es auch gegen Brasilien, da war das Wunder geschehen, kurz nach der Pause bezog sich plötzlich der Himmel, alles war schwarz, der Sand wirbelte hoch und schon ging es los, überall Wasser, wohin man sah Wasser, und dieses Wasser wurde den Brasilianern zum Verhängnis, sie fanden sich einfach nicht mehr zurecht, auch Leonidas nicht, in seiner Ratlosigkeit zog er zuerst die Schuhe aus und dann auch die Strümpfe, aber das half nichts, er patschte herum und wir hatten richtige Pflöckchen unter den Sohlen und waren von da an nicht mehr zu halten, später, als alles abgeflossen war, kamen die Brasilianer wieder, die mit der Hitze besser fertig wurden, am Samstag darauf dann haben wir angefangen, gegen Benfica, einsnull zweinull, ganz trockener Boden, dreinull viernull, wir haben sie rennen lassen, das war am Samstag, am Montag sehe ich plötzlich den Schwingo nicht mehr, ich rufe zum Bachmann, wo ist denn der Schwingo? also während des Spiels gegen die Stadtauswahl sah ich den Schwingo nicht mehr, wo ist denn der Schwingo? rief ich und Bachmann ruft, der Schwingo ist in die Kabine gegangen und trinkt eine Brause, so hatten wir sie im Sack, fünfnull, früher war das nicht anders, ich weiß noch, wie Schmauch den Ball hatte und plötzlich das Loch sah, da rief der Schmauch: Kern! und schon war der Kern mit dem Kopf da, er sprang höher als alle anderen, dann kam der Winter, überall Schlamm, sieben Mittel hatten wir gegen kalte Füße, denn die Füße waren das wichtigste, ich hatte nie Schwierigkeiten damit, ich habe die Bälle voll aus der Luft genommen, patsch, Tor, zurück und patsch patsch, eins zwei drei, dann bin ich mit meinem Koffer zur Bushaltestelle gefahren, allerdings hatte ich Sorgen mit meinem Nacken, der Kern sagte, paß auf, Du nimmst ein Stück Schlauchbinde und füllst es mit Watte zu einer Rolle, die Rolle legst Du Dir vor dem Schlafengehen um den Nacken, der Kern war schon groß, aber der Sturza war wirklich der Größte für mich, der hat Sachen gemacht, einmal stand er im toten Raum und rutschte von dort in die Bälle hinein, die ich ihm hinlöffelte, was sich hinterher abgespielt hat, war unbeschreiblich, davon sprechen sie heute noch, Hamal im Tor, nicht zu vergessen,

Kobo Bachmann, das war ein Treiber, einmal fuhr er in seinem Bugatti durch Köln, er überschlug sich und prallte an einen Baum, der Bachmann kam mit dem Leben davon, aber die Ärzte haben ihm ein Ohr abgenommen, seit diesem Tag trägt er auch seine Ohrenklappe, noch besser war damals Puruker, ich habe geguckt, als er eines Tages daherkam mit seinem Koffer, darf ich mich vorstellen, mein Name ist Puruker, als er das erste Mal schoß, gingen die Augen auf, beidbeinig hatte er einen Riesenhammer, in Glasgow jagte der Rammer, wie man ihn damals schon nannte, den Ball an den Pfosten, den zurückspringenden Ball im nächsten Moment an die Latte, den abermals zurückspringenden Ball mit teuflischer Wucht in den Kasten, ein Mann sprang auf und klatschte, ein Mann, der sonst höchstens lächelte: Matt Busby, ich hatte in Glasgow gesagt, wenn wir jetzt hier herausgehen, dann werden wir ein Geschrei hören, gegen das alles, was wir bisher gehört haben, einfach gar nichts ist, und so war es auch, beim Bankett nach dem Spiel sangen die Schotten, sie sangen wundervoll, eine schöne Zeit näherte sich ihrem Ende, allmählich wurde ich auch älter und spürte in meinem Nacken den jungen Lemm, also hörte ich auf, aber wieder zurück nach Glasgow, dieser Sache kann keiner entrinnen, sagte ich, nicht einmal ich, da sind wir hinausgegangen, ein leichter Wind blies, der Sturza stand da und sagte: mach nur, mach nur, es war schon was los in der Mannschaft, wenn ich an Paniz denke, der hatte Schenkel die waren so dick, daß die Damen den Mund aufklappten, er konnte mit seinem linken Fuß ein Rind umschießen, er übertraf alle, der Paniz? hatte Sepp Herberger gesagt, der Paniz ist eben der Paniz, und eines Tages in Köln geht der Paniz in einem großen Alleingang an zwei drei Leuten vorbei, er versetzt sie wie nichts, aber nun will er an diesem Sonntag auch noch am vierten vorbei, und der bricht ihm ganz einfach das Schienbein, der Knacks ging unter die Haut, da lag er und schrie, ich sehe noch sein Gesicht, aus für alle Zeiten oh Mann, an diesem Tag wurde wirklich böse gehackt, serienweise wurden die Spieler hinausgetragen, Puruker, Bachmann und viele andere, Wilden zum Beispiel, auch ich wurde gleich mit unfeinen Tritten bedient, ich mach Dich jetzt um! rief Schäfer, heute spielst Du nicht lange! und immer wenn ich an ihm vorbeikam, rief ich: Du erlebst das Ende des Spiels nicht mehr! Deine Laufbahn geht heute zu Ende! aber am Abend sah alles ganz anders aus, ich weiß gar nicht mehr, wie oft Schäfer zu mir kam und sagte: Du weißt doch Junge, daß ich Dich niemals absichtlich verletzen würde, und ich sagte: Junge, das weißt Du doch auch, es war alles vorbei und nichts war passiert, wir schüttelten uns die Hände, das sehe ich gern, sagte Deuser, der kurz hereinkam, das ist versöhnlich, Schäfer spielte zu dieser Zeit noch mit Nockenschuhen, ich hatte achtzehner Stollen darauf, Puruker zwölfer, wir waren auch die ersten die Strumpfhosen trugen, die Leute lachten, als wir auf den gefrorenen Platz kamen, später haben wir dann gelacht, als ihnen das Blut von den Knien floß, der Schwingo zog einem Ordner den Hut über die Ohren, er aß nur, was dick macht und hatte viel Speck auf den Rippen und immer Brote im Koffer, überall, wo wir hinkamen, qualmte es, einmal stand eine ganze Fabrik in Flammen, weil der Direktor nicht freigeben wollte am Nachmittag, und einmal nannte ich den Mazzola einen Spaghettifresser, schon gab es den schönsten Streit, wir rissen Witze im Bus und machten Theater, es war eine Stimmung wie damals gegen Rapid, als der Paniz in die Kabine kam, tropfte er, ich weiß nicht, ist das Schweiß oder Regen? der Bachmann hat alles mit seiner Kraft zerstampft, Boldini rammte dem Turek ein Alptraumtor in die Maschen, der Kern ist höher gekommen als alle anderen, bei strömendem Regen fuhren wir im offenen Wagen vor das Rathaus und ich hielt den Kuchenteller in die Höhe: so ungefähr.

2

Das war es eigentlich, was ich sagen wollte. Was bleibt, sagte ich, ist die Erinnerung, der Ruhm verfliegt. Ich denke nur an Paul Marix, der gleich, nachdem er gekommen war, so gut einschlug. Es regnete damals in Strömen, da kam also Marix, der bescheidene Gasmann im Leben, aber mit tödlichen Füßen. Die Leute sangen, wenn sie uns sahen, überall, wo wir erschienen, nur in Madrid war es still. Paul Marix hatte Alonso in zehn Minuten drei Prachtexemplare ins Netz gefetzt, Servus

Ade, ich dachte mir fliegen die Fäuste fort, sagte Alonso am Abend, Servus Ade, wir sausten von einem Ding in das andere, die Tribünen kochten und platzten, und Marix im Gummimantel, eines Tages war er gekommen, die Torhüter schlugen die Hände vor ihr Gesicht, wenn er anlief. In Liverpool schoß er zwei Engländer aus der Mauer heraus, das gab es nie wieder, und später in Glasgow, ich will nicht davon reden: stopft Watte in eure Ohren, sagte ich später, als wir nach Glasgow fuhren, das war eine Zeit, und wenn ich von dieser Zeit rede, dann muß ich vor allem von einem reden. Paniz war damals nach Mailand gegangen, jetzt ist es aus, sagten alle, aber wir behielten die Ruhe und stürmten weiter, für Paniz kam Wobser, von dem es schon kurze Zeit später hieß: so gut war noch keiner. In Stuttgart zum Beispiel lief er mit riesigen Schritten über den glitschigen Boden und trat Sawitzki samt Ball in den Kasten; in Köln ließ er Schnellinger tanzen, bis dieser taumelnd vom Platz ging, mit Füßen wie Bügeleisen, Wobser, ich sage nichts neues; die Bayern wurden vom Rasen gewischt, in Schalke gingen die Fahnen in Flammen auf; mit einem Rucksack voll Luft zog er davon, er brauste die Linie hinunter mit Dampf links und rechts, nach ihm wurde ein Hut benannt und ein Fruchtsaftgetränk, aber wie das im Fußball so ist, an einem eiskalten Abend kurz nach der Pause, da kam schon das Ende, hinkend stieg der gelernte Bäcker hinein in den Bus, siebzig Kilogramm schwer, zwei Jahre später war er sehr dick und sagte: mir geht es gut. Was ist mit dem Bein? fragte ich. Das Bein ist in Ordnung. Aber Wobser kam niemals wieder. Für Wobser kam damals Paul Marix im Gummimantel, und Marix, sagte man bald, der wäre noch besser als Wobser. Im ersten Spiel gegen Ajax, die Holländer gingen weinend vom Platz und dafür hat Marix gesorgt. Inter wurde in Grund und Boden gerammt, der Jubel war groß und Hamal war in der Form seines Lebens, du liebe Zeit, Hamal, so flog er, so warf er sich vor die Stiefelspitzen, er sammelte Pilze, das war seine Leidenschaft, und eines Tages hat er den nassen schweren Ball voll ins Gesicht bekommen, man trug ihn davon, das Blut tropfte von ihm hinab in den Schnee, doch es dauerte gar nicht so lange und schon ging es weiter, dankeschön, bravo, in Glasgow zum Beispiel, wir nahmen den Cup in den Arm und fuhren davon. Da öffneten sich plötzlich die Türen, ich brauchte nur noch hineinzugehen. Kommen Sie her zu uns, sagte Herrera, Sie werden es niemals bereuen, vierhunderttausend glatt auf die Hand, aber ich bin im Lande geblieben, Servus, ich weiß doch Bescheid. Und wie geht es weiter? wollte man wissen. Ich sagte: wir werden schon sehn, wie es weitergeht. Die Leute rissen die Augen auf, denn damals hielt man erstens noch nicht viel von anderen Sachen und zweitens, was war denn zweitens? ich weiß nicht, die Hauptsache jedenfalls war etwas anderes, das war die Hauptsache, vierhunderttausend, damals hatte ich schallend gelacht, nein meine Herren, ich bleibe im Lande, ich weiß doch was los ist, sagte ich, unter der Haustür, vierhunderttausend, Auto und Wohnung, aber das ist vergessen, wir waren wirklich in Schwung, laßt sie nur kommen, wir fressen sie alle, Schwingo in seiner bekannten Art schwang den Cup, seine große Zeit kam erst nach dem Spiel, dann balancierte er einen mit Bier gefüllten Zweiliterkrug stehend und liegend auf seinem Kopf, das heißt aber nicht, daß alles so weiterging, vor allem mit Marix. Ich kann mich noch gut erinnern, wie er hier ankam, im Gummimantel. Was ist **das** denn für einer? hatte Bachmann gesagt; dann zog er sich aus und legte den Mantel ab und schon hat es gekracht in dieser Schwüle, schon schlug es ein, im ersten Spiel gegen Ajax, das weiß ich wie heute, die Holländer schlichen weinend in die Kabine, daran muß ich jetzt denken, der kleine Mann mit dem breiten Kreuz, oft genug lag er da und wurde trotzdem wieder gesund, aber eines Tages fragten die Leute: was ist denn mit Marix? und alle fragten sich plötzlich: warum denn wieso denn? zum Beispiel wo bleiben die Flanken, wo bleibt denn der Flachpaß? wir saßen zusammen in diesem Geruch nach Kampfer, der Rasen war hart, der kälteste Winter ich glaube seit neunzig Jahren oder noch länger. Marix hatte sein Schußbein in Gips, ich hatte Ärger mit meinem Nacken, Schmauch hatte ein dickes Knie, die Prellungen zählten wir gar nicht, die Quetschungen, Zerrungen, das waren Kleinigkeiten. So gingen wir unter in Matsch und Eis. Und wenn ich den Gips abhabe, sagte Paul Marix, dann lege ich los. Seine Sehne war völlig zerfetzt, ich schüttelte damals den Kopf, der Winter verging, und Marix ging so, wie er gekommen war, im Gummimantel. Was bleibt, sagte ich, ist die Erinnerung, der Ruhm verfliegt, und die Narben bleiben, die lassen sich nämlich nicht abwaschen unter der Brause. Der Winter verging, die Leute pfiffen wenn sie uns sahen und spuckten uns voll auf dem Weg zur Kabine. Jemand am Telefon schrie eines Abends: Du hast doch nur Scheiße in Deinen Latschen. Warten wir ab, sagte ich, mit wem spreche ich denn? Ich stech Dich noch ab, paß mal auf, schrie er. Gut, wenn Sie meinen. Damals kamen die Ordner mit blutigen Köpfen zu uns von den Schlägen mit Fahnenstangen und riefen: wir können nicht mehr, wir haben Familie, so war es, wir waren im Dunkeln verschwunden, die Tür schloß sich hinter uns, jemand stand auf: Servus, machts gut. Der Trainer sagte noch ein paar Worte, mehr sagte er nicht, er sagte den kürzesten Satz seines Lebens und nahm seinen Hut. Nun ändert sich alles, sagte der Vorstand, doch es änderte sich überhaupt nichts, wir blieben im Keller, aus und vorbei. Mensch mach doch was, tu doch was; immer kam jemand und sagte: versuch doch was, mach was, Mensch tu was; doch es lief nichts zusammen, die Karten verfaulten an unseren Kassen. Im klatschenden Regen ging Marix davon. In ein paar Wochen, sagte er damals, käme er wieder. Aber Marix kam niemals wieder. Das war es dann eigentlich, stand in den Zeitungen, das wäre es dann wohl gewesen, damit hätte es sich, das wäre das Ende. Aber das letzte Wort war noch längst nicht gesprochen, denn plötzlich kam Schwingo der Wahre unter vierzig Pfund Speck hervor, die der Trainer ihm abgekocht hatte, und Schwingo, der für sein Leben gern Klöße aß, schoß flach, vielmehr halbhoch das schönste Tor dieses Tages, na also, wir knallten aus allen Lagen. Auf dem brüllenden Bieberer Berg rauchte es und die Kickers verschwanden, weiß wie die Wand; in Hamburg ging Seeler schimpfend vom Platz, womit alles gesagt ist über die Sache; in Bremen wühlten wir uns durch die dicke Brühe, gegen den Wind, auf dem schweren Gelände, einem Zuschauer platzten auf einmal Raketen in seiner Tasche, in roten und blauen Blitzen rannte er krachend um sein Leben und warf seine Jacke fort; und als wir aus Kaiserlautern abzogen, mit zwei Punkten im Koffer, hatte man eine Elektrische auf die Straße gekippt. Wir waren zufrieden und sausten von einem

Ding in das andere, das alte Lied auf den Schultern der Leute, da war es wieder, überall wurde gesungen, sogar die Wiener klatschten, die sonst nur im Winter klatschen, wenn sie kalte Hände haben. Es ist nicht zu glauben, sagte Fritz Walter, Herberger nickte, er hatte das kommen sehen, und Merkel stand auf: alter Freund, jetzt müßte man auf Spanisch mal wissen, was kalter Arsch heißt, sagte Merkel später in Spanien. Viele Jahre waren vergangen. Der Kellner servierte einen gebratenen Fisch, wir spielten eine Partie Domino, alter Freund, sagte er, was ihr damals gemacht habt, das hat es noch niemals gegeben. Er saß mit dem Fernglas auf dem Balkon und sah in die Ferne: niemals zuvor und niemals wieder. Aber wieder zurück zu der Sache von der ich gesprochen habe, die Zeit ging vorbei, Woche um Woche, dann war es soweit, wir fuhren bis vor das Rathaus, im offenen Wagen, alle riefen nach Lemm. Marix war längst vergessen. Und wer Wobser war, wußte keiner mehr, denn der Ruhm verfliegt, was bleibt, sagte ich, ist die Erinnerung. Das wollte ich sagen.

3

Später kam ich ins Kreuzfeuer der Fragen: danke, mir geht es gut, waren meine Worte, ich trinke am liebsten Kakao, ich esse was auf den Tisch kommt, am liebsten esse ich Linsen mit Speck, Musik mag ich gern, mein größtes Problem ist mein Nacken, Uwe Seeler ist menschlich wirklich in Ordnung, Rahn ist ein großartiger Mensch, mit Morlock versteh ich mich gut, undsofort, paß mal auf, fragte jemand, jetzt muß ich Dich mal was fragen, erinnerst Du Dich an die Sache vor dem Spiel gegen, Moment, 96, da kam ich mit meinem Orchester bei euch vorbei, Dein alter Freund Paul Stein, kannst Du Dich nicht erinnern? klar, sagte ich, wir haben doch Saxophon gespielt mit der Sängerin, ja, sagte er, mit der Sängerin, also, sagte ich, Du sieht, ich erinnere mich. Dann fragte mich ein Mann namens Rink. Der Name Rink, der kommt mir bekannt vor, sagte ich, ja, sagte er, 1956, Stuttgart; Rink? sagte ich, jawohl Rink; natürlich, sagte ich, Rink, selbstverständlich. Was machen Sie sonst noch? fragte man schließlich, na wandern, viel wandern, vor allem viel wandern, mein Lieblingsgericht ist Linsen mit Speck, ich trinke gerne Kakao und erinnere mich noch an Heiner Träg, an Sterz Munkert, Jupp Gauchel, um nur einige zu nennen, natürlich an Schanko, Hans Jacob, an Münzenberg, Nagelschmitz, Termath und Bögelein. Und Jaschin schrieb damals: Du bist ja eine Kanone, mein Lieber, Dein alter Freund Jaschin. Dann ging ich so um die Ecke und schon rief jemand: na so was, hier sieht man sich wieder, erzähl mal was los ist, was soll ich erzählen? erzähl mal das dritte Tor. Also, ich nahm ein Bier, kurz, ich bin kein Freund von vielen Worten, es war so: null Grad aber trocken, abgetropft von der Brust, dann direkt aus der Luft. So war das.

4

oder wie war das mit Dortmund, als alle riefen, daß ich rein sollte und Schmauch dafür raus, daß ich also für Schmauch auf den Platz sollte, ich weiß das wie heute, das war eine Wärme, was hatten wir damals? ungefähr dreißig, lieber Gott weit über dreißig Grad, alle riefen Schmauch raus und ich sollte rein, nun hatte mich damals die Schleimbeutelentzündung zurückgeworfen und es gab welche, die haben geblaubt, daß ich nicht mehr der alte bin, Schmauch raus, Schmauch raus, so ging das die ganze Zeit und kein Tor, aber dann kam der Moment, wo der Chef sagt: steh auf und geh rein, mach dieses und jenes, ich ging also rein und nun fängt die Sache erst an, kaum bin ich drin, da schnappe ich mir die Kugel, bügele sie mir zurecht und ziehe davon, das werde ich nie vergessen, Kelbassa steht plötzlich vor mir, soll ich jetzt links vorbei oder doch lieber rechts? ich bin links vorbei, wupp, und hebe den Ball über Bracht, der plötzlich heranspritzt, direkt aus der Luft, patsch, schon kracht es, ich wieder zurück eins zwei drei rechts an der Linie entlang, erst laß ich Schlebrowski aussteigen, peng, schon flattert das Netz, entsprechend geht das auch weiter, ich laufe dem Sandmann davon, das Leder klatscht an die Latte und wumm, schon zappeln die Maschen, ich schleiche an allen Sperren vorbei mit der Kugel am Fuß und pflastere sie mit Schmackes ins Netz, ich spritze aus dem

Gewühl heraus und bums, schon rauscht es im Kasten, ich hatte mich kaum gedreht, schon hat es gekracht, Boldini serviert mir dann eine Flanke, ich wuchte sie mit der Stirne hinein, Schwingo tritt eine Ecke von rechts, ich steige hoch, das ist alles, schon krachte es wieder, dann kommt noch ein Paß von Paniz, besten Dank, sage ich und mache das bißchen, schließlich am Schluß noch ein Einwurf von Kern und wieder bin ich zur Stelle, ein krachender Abschied, eine Knallschote will ich mal sagen, Kwiatkowski hatte wirklich nicht viel zu lachen an diesem Tag, ich hielt nur den Fuß hin und rumms, fertig aus, eigentlich spreche ich nicht gern davon.

5

Und gegen den Club, also ich fiel fast um, als ich den Schnee sah, überall Schnee, das ist Gift für mich, wer mich kennt, weiß das, aber sonst fühlte ich mich in Schuß als wir einliefen, also ich lief ein paar Schritte, schon fiel ich um und hatte eine Fleischwunde am Schenkel, jemand war mit seinem ganzen Gewicht auf mich gefallen, ich tupfte mir mit dem Wattebausch das Blut ab und lief weiter, nun machte mir aber das Knie zu schaffen, ich lief ein paar Schritte, jemand traf mich mit seinem Stiefel am Kopf, da fiel ich um, meine Backe war aufgeschlitzt, ich stand auf und lief in die Kabine, dann kam ich wieder mit meinem verpflasterten Gesicht und lief ein paar Schritte, bald danach fiel ich um, jemand war mir ins Standbein gesprungen, na gute Nacht, ich stand auf, nicht viel später sprang mich jemand an und riß mir die Kniekehle auf mit dem Stollen, ich fiel um und wurde verbunden, als ich wiederkam und ein paar Schritte gelaufen war, sprang jemand voll auf mich drauf, ich fiel um, mein Fuß schwoll stark an, trotzdem stand ich auf und lief weiter, aber nun war meine alte Verletzung aufgebrochen, vor allem hatte ich einen Schmerz in der Leiste und nach der Spritze hatte ich gar kein Gefühl mehr im Fuß, das war auch der Grund, warum ich umfiel, ich wurde massiert und stand wieder auf, ich hatte zwei Zehen gebrochen, das kommt schon mal vor, aber schlimmer waren die Stiche im Rücken, ich spielte ja damals mit einem Korsett, ich stand wieder auf und später in der Kabine fiel ich dann beinahe um, doch schon war die Pause zu Ende, ich schleppte mich raus mit meinem verbundenen Kopf, mit meinem in Schwammgummi verpackten Knöchel, es war noch keine Minute vergangen, da falle ich um, kaum bin ich aufgestanden, rammt mich jemand zu Boden, gerade stehe ich wieder, da legt mir jemand die Hand aufs Gesicht und ich falle um, jemand zieht mir die Beine weg oder jemand macht eine Schere, jedenfalls falle ich um, ich ließ mir Verbandsmull reichen und dann ging es weiter, humpelnd, aber nicht entmutigt, kaum hatte ich ein paar Schritte gemacht, da rief jemand: so, jetzt kriegst Du noch einen, na, ich fiel um, trotzdem blieb die Freundschaft bestehen, als ich aufstand, schüttelten wir uns die Hände, nichts für ungut, rief er, jemand rief: Junge, hau rein, und schon machte jemand ein langes Bein und da lag ich natürlich, ich wurde hinausgebracht und als ich wiederkam mit meiner Bandage kurz vor Schluß fiel ich um, jetzt reicht es mir aber, rief ich, jedes Wort tat im Mund weh, weil die Lippe gespalten war und die Zähne waren ganz locker, ich merkte nun auch, wie das Auge zuschwoll, ich rief: jetzt hört der Spaß auf, da fiel ich um und im Fallen schob ich das Leder zwischen Popps Beinen hindurch an Wabra vorbei in den Kasten. Aus. Schluß. Einsnull. Das vergesse ich nie.

6

plötzlich zischte und krachte es, und ich wußte nicht mehr, wie es stand, bei diesem Stampfen und Schreien, ich konnte die Bälle nicht sehen, die auf mich zukamen, irgendwie war ja auch Blut an meinem Schuh oder es tropfte heraus aus dem Schuh und als es jetzt pfiff, da wußte ich plötzlich, daß wir gewonnen hatten, überall stach es jetzt auf dem Weg in den Tunnel durch das Spalier stach es plötzlich, Schwingo, den sie auch weichgeklopft hatten mit ihren Mätzchen, sagte, daß sich der Club nicht wundern soll, wenn man ihm auswärts demnächst schon mal die Hosen runterzieht. Ich war fix und fertig. Jemand zog mir das nasse Hemd aus, da sagte der Schmauch mit seinen gestempelten Waden: der ißt das noch auf, paß mal auf, nämlich das Hemd, und so sah es auch aus.

Im Umkleideraum floß der Sekt, wir tranken aus Pappbechern, der Masseur verband meinem Arm, Kobo Bachmann sagte, er sage ja nie was über den Schiedsrichter und über diesen schon gar nicht, einer gab mir ein Mittel gegen Verrenkungen, aber ich hatte gar nichts verrenkt, wie sich später herausstellte, der Mann drehte meinen Kopf mit aller Macht und ich hatte das gleiche Gefühl, wie damals beim Schlag von Juskowiak, wie mit der Axt in der Mitte gespalten. Eine Woche später klingelt es plötzlich. Ein Freund meines Onkels kommt zu Besuch, wir kommen auf Seeler zu sprechen, der lange verletzt war, dann zog ich mich an und wir fuhren in die Klinik. Ich wurde herzlich begrüßt und man wünschte mir Glück zum Pokal, der Professor nickte mir zu, komm Junge, sagte er, eh ichs vergesse, zieh Dich aus, Du bleibst bei uns, Du hast nämlich ein gebrochenes Genick. Also das war es. Jawohl, sagte Schoberth.

7

Auf dem Massagetisch fragte man mich, ob ich noch etwas spüren würde. Ich bin neugierig, was sie von mir wissen wollen, sagte ich. Und wie gehts weiter? fragte man. Na wie solls weitergehen, ich will noch eine ganze Menge Tore schießen, so gehts weiter, und später werde ich mich ganz meiner Gummiwarenfabrik und meiner Familie widmen. Dann fragte man mich noch nach meinem schönsten Tor. In seiner Art ganz schön war das vierte Tor gegen die Rangers, aber das Tor gegen den Club kurz vor Schluß, das war auch ganz schön.

Später war ich mit kalter Wut in die Kabine gedampft und verzichtete auf das Bankett anschließend, dankeschön, ich riß mir die Schuhe von den Füßen, Schluß, nie mehr wieder, ich werde diesen Boden nicht mehr betreten. Warum? fragte man. Da fragen Sie noch? Darauf nahm ich meine Tasche und ging. Später sah man mich oft in meinem Zigarrenladen. So war es.

Ja, es läuft gut, sagte ich später an meiner Tankstelle, ich war überrascht, als ich hörte, daß es nicht mehr so gut laufe wie früher, wir haben uns unterhalten und ich sagte, so oder so ist das nicht, es ist alles in Ordnung, es läuft alles sehr gut.

Später fand ich beruflich mit der Generalvertretung für wartungsfreie Aluminium-Fassadenverkleidungen im Stülpverfahren mit zweischichtiger Styroporunterlage eine ausgezeichnete Existenzgrundlage.

Jetzt habe ich meine Tauben, die Klappen fallen herunter, wenn ich die dunklen Punkte am Horizont sehe, kommt es mir immer vor, als wäre ich selbst geflogen, ich höre das Klatschen der Flügel über dem Dach, unten auf der Straße rufen sie: Mensch, Junge, wie gehts? Ach mir gehts gut, rufe ich, ich freue mich schon auf das nächste Frühjahr, dann sitze ich unten im Garten und trinke ein Bier mit dem Vater, dann geht es mir durch den Kopf, wie komisch das Leben sein kann, da hat man so vieles falsch gemacht und trotzdem stimmt alles am Ende.

Rückfahrt

Genau kann ich das gar nicht mehr sagen, und das ist es ja auch, worüber ich nachdenke, die ganze Strecke seit Gladbach. Wir haben es wieder gesehn heute abend, ein Stürmen und Stürmen in dieser Kälte, und dann ist in einer Minute alles vorbei. Ich hab das schon öfter erlebt, aber sowas noch nicht, der ganze Sturm wirbelt und plötzlich ist alles vorbei. Jemand hat noch gesagt, er hätte das gleich gewußt, das wäre kein Wunder bei diesem Sturm. Ich will mich da nicht mehr einmischen, mir ist ja im Augenblick alles recht, nur eben das nicht, die ganze Zeit stürmen und auf einmal ist alles zuende. Da versuche ich nun, mir das vorzustellen, vielleicht wenn es anders gekommen wäre, aber das hat keinen Wert, denn eins ist ganz sicher, wie die Sache auch ausgehen wird, sie wird immer falsch sein, immer am Ende falsch, das kann man doch anpakken, wo man will, immer falsch. Jemand sagt: das ist Köln, wo wir durchkommen, es regnet ein bißchen und dann ist die Rede von etwas anderem, irgendein Wort spielt eine Rolle, irgendein Name, aber ich mische mich da nicht mehr ein. Ich frage mich nur, wie das alles passieren konnte, in einer Minute, ich habe mir meine Gedanken gemacht kurz vor Dings, kurz vor Bonn, doch gesagt hab ich gar nichts. Man mußte ja damit rechnen, sagt jemand, er hätte das mehr als einmal erleben müssen. Doch so einfach ist das ja auch wieder nicht, natürlich war es auch früher mal so, zum Beispiel im März, an den wir uns alle erinnern, aber so wie an diesem Abend war es noch nie. Jemand sagt dann, er hätte das alles vorausgesehen und zwar schon seit Wochen. Im Grunde, sagt jemand, der neben mir sitzt, ohne Fußball ist das kein Leben und die einzige Hoffnung ist, daß es im Herbst wieder anfängt, wenn das nicht wäre, dann könnte man sich doch gleich hier sofort in diesem Moment einfach aufhängen. Und wenn ich mich jetzt nicht täusche, aber so sehr kann ich mich gar nicht täuschen, kommen wir jetzt durch Koblenz, mir tropft etwas Bier auf die Hose, oder ist das schon Mainz? Jemand gibt zu bedenken, daß alles voll

Matsch war auf diesem Platz, alles voll Matsch, alles alles, Matsch Regen und nicht zu vergessen der Wind, er sagt, das hätte er alles erwartet und er fände, sagt dieser Mann, obwohl er das alles erwartet hatte, die Sache trotzdem ganz schlecht. Und als es aufgehört hat zu regnen, will ich auch ein paar Worte sagen, etwas vom nächsten Samstag vielleicht. Aber ich lasse das sein, es hat doch keinen Sinn.

Inhalt

Versuche im Erweitern nackter Worte 6
Zitate 1 8
Alles auf einen Blick 9
Stehen Gehen 11
Mauer *Bildgeschichte* 12
Farben 15
Handschuhe 16
Unsicherheiten beim Hinauslaufen *Bildgeschichte* 17
Oberbekleidung 21
Zitate 2 22
Der letzte Biß 23
Hinweise zum letzten Biß 25
Wabras Ende 26
Kampf *Bildgeschichte* 28
Ein Spaziergang vor dem Tor 32
Der Ball 34
Die Stunde der Wahrheit 37
Verletzungen *Bildgeschichte* 38
Die Türken kommen 42
Schön ist schuld *Leserbriefe* 44
Schön *Bildgeschichte* 48
Zu Gast bei 51
Fußballballade vom schwarzen Samstag 53
Trainer *Bildgeschichte* 56
Fragen & Antworten 58
Zitate 3 59
Album 60
Telefongespräch 64
Die alten Zeiten sind vorbei 67
Das kann man wohl sagen *Leserbriefe* 70
Jubel *Bildgeschichte* 73
Enttäuschung *Bildgeschichte* 77

Zitate 4 79
Nachrichten 82
O 86
Sorgen im Süden Sorgen im Norden 88
Glasgow 98
Geld oder wir ziehen die Schuhe aus 99
Hallo Köln 102
Zitate 5 107
Schiedsrichter *Bildgeschichte* 108
Schwierigkeiten auf fremden Plätzen 110
Publikum *Bildgeschichte* 113
10 Rammer & Brecher-Sonette 117
Neue Nachrichten 129
Wir schalten noch einmal um 133
Zitate 6 140
Eintracht erwache! 142
Fünf Hinweise zur Lage 144
Neues aus den alten Zeiten 146
Zitate 7 150
Hinaufsteigen 152
Die heiße Luft der Spiele 154
Rückfahrt 167
Zeittafel 169

Zeittafel

1932 am 29. Juni in Saalfeld/Thüringen geboren.
1943 Heimschule Wickersdorf (früher Freie Schulgemeinde).
1946 Oberschule Saalfeld.
1951 Abitur, Bauarbeiter.
1953 Übersiedlung in die Bundesrepublik. Stuttgart, verschiedene Beschäftigungen.
1954 Studium in Frankfurt (Literatur, Soziologie, Philosophie).
1958 Studium in Hamburg.
1958 Erste Veröffentlichung *Entdeckung hinter dem Haus* in der Frankfurter Studentenzeitung *Diskus*.
1959 Heirat.
1959 bis 1961 Studium in Frankfurt/Main.
1959 bis 1964 Redakteur beim *Diskus*.
1961 bis 1963 Redakteur beim Hessischen Rundfunk (Abendstudio, dann Literatur).
ab 1963 freier Schriftsteller.
1964 *Fortsetzung des Berichts* erschienen.
1964 bis 1966 Sankt Gallen/Schweiz.
1965 Förderpreis des niedersächsischen Kunstpreises.
1966 bis 1968 Basel.
1967 *Pilzer und Pelzer. Eine Abenteuerserie* erschienen.
1968 bis 1970 Frankfurt/Main.
1969 *Danke schön. Nichts zu danken* erschienen.
1970 *Der Chinese am Fenster,* Hörspiel.
1970 Zusammenarbeit mit Peter Lilienthal am Drehbuch nach Robert Walsers *Jakob von Gunten* (Erstaufführung am 6. Oktober 1971 im ZDF).
Basel.
1971 *Punkt ist Punkt. Fußball-Spiele* erschienen.
drei Monate Stipendiat des Senats von Berlin, dann Frankfurt.
mein famili. sämtliche moritaten von raoul tranchirer mit 22 collagen des autors erschienen.
1972 *Die heiße Luft der Spiele,* Hörspiel.
Punkt ist Punkt, szenische Fassung der Werkstatt des Stadttheaters Aachen.
1973 *Die überzeugenden Vorteile des Abends,* Hörspiel.
Weiter mit Musik, Hörspiel.

Ror Wolf
im Suhrkamp Verlag

Fortsetzung des Berichts
1964; *edition suhrkamp* 378, 1970

Pilzer und Pelzer. Eine Abenteuerserie
edition suhrkamp 234. 1967

Danke schön. Nichts zu danken. Geschichten
edition suhrkamp 331, 1969

Punkt ist Punkt. Fußball-Spiele
1971

mein famili
sämtliche moritaten von raoul tranchirer
mit 22 collagen des autors
edition suhrkamp 512, 1971

Über Ror Wolf
Herausgegeben von Lothar Baier
edition suhrkamp 559

Ror Wolf, Meine Voraussetzungen
Helmut Heißenbüttel, Bericht aus einer
Traumlandschaft
Hermann Peter Piwitt, Landschaft des Gedächtnisses
und Augenblick
Rainer Scheunemann, Erzählen im Kreise
Wolfgang Werth, Vielleicht Polzer
Herbert Gamper, Abenteuer der Sprache
Marianne Kesting, Das Wuchern der Wörter
Karl Heinz Bohrer, Kunstfiguren im Niemandsland
Ludwig Harig, Vogt sein linkes Bein
Urs Widmer, Die Eintracht schießt ein Tor
H. A. Fimmel, Pastete 41
Gisela Dischner, Das Ende des bürgerlichen Ichs.
Anmerkungen zur Prosa Ror Wolfs
Chris Bezzel, Warenform und Metafiktion.
Zur Erzähltechnik von Ror Wolf
Karl Riha, „mein famili wie wundersam".
Zu Raoul Tranchirers (Ror Wolfs) Moritaten
Johann M. Kamps, Zu Ror Wolfs Hörspiel
„Der Chinese am Fenster"
Ror Wolf im Gespräch mit Thomas Beckermann
Im Anhang des Bandes befindet sich eine ausführliche
Bibliographie der Primär- und Sekundärliteratur

Alphabetisches Gesamtverzeichnis der suhrkamp taschenbücher

Achternbusch, Alexanderschlacht 61
Adorno, Erziehung zur Mündigkeit 11
– Studien zum autoritären Charakter 107
– Versuch, das ›Endspiel‹ zu verstehen 72
– Zur Dialektik des Engagements 134
Aitmatow, Der weiße Dampfer 51
Alfvén, M 70 – Die Menschheit der siebziger Jahre 34
Allerleirauh 19
Alsheimer, Vietnamesische Lehrjahre 73
Artmann, Grünverschlossene Botschaft 82
Artmannsens Märchen 26
Baeyer, Baeyer-Katte, Angst 118
Bahlow, Deutsches Namenlexikon 65
Becker, Eine Zeit ohne Wörter 20
Beckett, Warten auf Godot (dreisprachig) 1
– Watt 46
Materialien zu Becketts »Godot« 104
Benjamin, Über Haschisch 21
– Ursprung des deutschen Trauerspiels 69
Bernhard, Frost 47
– Gehen 5
– Das Kalkwerk 128
Bilz, Neue Verhaltensforschung: Aggression 68
Blackwood, Das leere Haus 30
Bloch, Naturrecht und menschliche Würde 49
– Vorlesungen zur Philosophie der Renaissance 75
– Subjekt-Objekt 12
Brecht, Geschichten vom Herrn Keuner 16
Bertolt Brechts Dreigroschenbuch 87
Broch, Barbara 151
Broszat, 200 Jahre deutsche Polenpolitik 74
Buono, Zur Prosa Brechts. Aufsätze 88
Butor, Paris-Rom oder Die Modifikation 89
Chomsky, Indochina und die amerikanische Krise 32
– Kambodscha Laos Nordvietnam 103
– Über Erkenntnis und Freiheit 91
Der andere Hölderlin. Materialien zu Weiss »Hölderlin« 42
Döring, Perspektiven einer Architektur 109
Duddington, Baupläne der Pflanzen 45
Duras, Hiroshima mon amour 112
Eich, Fünfzehn Hörspiele 120
Enzensberger, Gedichte 1955–1970 4
Ewald, Innere Medizin in Stichworten I 97
– Innere Medizin in Stichworten II 98
Fallada/Dorst, Kleiner Mann – was nun? 127

Freisprüche. Revolutionäre vor Gericht 111
Frisch, Stiller 105
– Stücke 1 70
– Stücke 2 81
– Wilhelm Tell für die Schule 2
Fromm/Suzuki/de Martino, Zen–Buddhismus und Psychoanalyse 37
Fuchs, Todesbilder in der modernen Gesellschaft 102
Geschichten? Ein Lesebuch 110
Grossmann, Ossietzky. Ein deutscher Patriot 83
Habermas, Theorie und Praxis 9
Hammel, Unsere Zukunft – die Stadt 59
Handke, Chronik der laufenden Ereignisse 3
– Die Angst des Tormanns beim Elfmeter 27
– Ich bin ein Bewohner des Elfenbeinturms 56
– Stücke 1 43
– Stücke 2 101
Henle, Der neue Nahe Osten 24
Hesse, Glasperlenspiel 79
– Kunst des Müßiggangs 100
– Lektüre für Minuten 7
– Unterm Rad 52
– Klein und Wagner 116
Materialien zu Hesses »Glasperlenspiel« 80
Materialien zu Hesses »Steppenwolf« 53
Hobsbawm, Die Banditen 66
Horváth, Ein Kind unserer Zeit 99
– Jugend ohne Gott 17
– Leben und Werk in Dokumenten und Bildern 67
– Der ewige Spießer 131
Hudelot, Der Lange Marsch 54
Kästner, Offener Brief an die Königin von Griechenland. Beschreibungen, Bewunderungen 106
Kaschnitz, Steht noch dahin 57
Katharina II. in ihren Memoiren 25
Koeppen, Das Treibhaus 78
– Romanisches Café 71
– Nach Rußland und anderswohin 115
Kracauer, Die Angestellten 13
Krolow, Ein Gedicht entsteht 95
Kühn, N 93
Lagercrantz, China-Report 8
Lehn, Chinas neue Außenpolitik 96
Lepenies, Melancholie und Gesellschaft 63
Lévi-Strauss, Strukturale Anthropologie 15
– Rasse und Geschichte 62
Lovecraft, Cthulhu 29
Malson, Die wilden Kinder 55
Mayer, Georg Büchner und seine Zeit 58
McHale, Der ökologische Kontext 90

Minder, Dichter in der Gesellschaft 33
Mitscherlich, Thesen zur Stadt der Zukunft 10
– Massenpsychologie ohne Ressentiment 76
Myrdal, Politisches Manifest 40
Norén, Die Bienenväter 117
Nossack, Spirale 50
Nossal, Antikörper und Immunität 44
Olvedi, LSD-Report 38
Portmann, Biologie und Geist 124
Reiwald, Die Gesellschaft und ihre Verbrecher 130
Riesman, Wohlstand wofür? 113
– Wohlstand für wen? 114
Russell, Autobiographie I 22
– Autobiographie II 84
Shaw, Die Aussichten des Christentums 18
Simpson, Biologie und Mensch 36
Sperr, Bayrische Trilogie 28
Steiner, In Blaubarts Burg 77
– Sprache und Schweigen 123
Terkel, Der Große Krach 23
Unterbrochene Schulstunde. Schriftsteller und Schule 48
Walser, Gesammelte Stücke 6
– Halbzeit 94
Wie, warum und zu welchem Ende wurde ich Literaturhistoriker? 60
Weiss, Das Duell 41
– Rekonvaleszenz 31
Materialien zu Weiss' »Hölderlin« 42
Wer ist das eigentlich – Gott? 135
Werner, Wortelemente lat.-griech. Fachausdrücke in den biologischen Wissenschaften 64
Werner, Vom Waisenhaus ins Zuchthaus 35
Wittgenstein, Philosophische Untersuchungen 14
Wolf, Punkt ist Punkt 122
Zivilmacht Europa 137
Zur Aktualität Walter Benjamins 150